Unterwegs. 6

Religion begegnen.

Herausgegeben von
Prof. Dr. Burkard Porzelt (Regensburg)
Dr. Eva Stögbauer-Elsner (Regensburg)

Erarbeitet von
Michaela Gilhuber (Traunstein)
Natascha Lachner (Burgkunstadt)
Dr. Anne Neyer (Regensburg)
Prof. Dr. Burkard Porzelt (Regensburg)
Bastian Priemer (Kulmbach)
Monika Reichert-Hafner (Diedorf)
Benjamin Schmidt (Schwandorf)
Julia Sedlmeier (Kulmbach)
Dr. Eva Stögbauer-Elsner (Regensburg)

Patmos

Redaktion: Peter Süß, Heidelberg
Illustration: Josep Rodes, Murnau (S. 11, 12 f., 16 f., 26, 30 f., 34 f., 38, 40 f., 46 f., 50 f., 52, 64 f., 76 f., 100 f., 112 f., 118, 120, 121, 122, 123, 132, 133)
Grafik: Detlef Seidensticker, München (S. 37, 72, 106 f., 109, 116 f., 120 f., 125, 128)
Umschlagkonzept und Umschlaggestaltung: Corinna Babylon & Jule Kienecker, Berlin
Umschlagmotiv: „König David" von Katrin Hattenhauer; das Motiv wurde verändert und ist im Original auf Seite 33 abgebildet.
Layoutkonzept: grundmanngestaltung, Karlsruhe
Layout und technische Umsetzung: Marina Goldberg, Berlin

Zugelassen als Lehrbuch für den katholischen Religionsunterricht am Gymnasium von den Diözesanbischöfen von Augsburg, Bamberg, Eichstätt, München und Freising, Passau, Regensburg und Würzburg.

www.cornelsen.de

1. Auflage, 1. Druck 2019

Alle Drucke dieser Auflage sind inhaltlich unverändert und können im Unterricht nebeneinander verwendet werden.

Druck: Mohn Media Mohndruck, Gütersloh

ISBN 978-3-7627-0544-4 (Schülerbuch)
ISBN 978-3-7627-0608-3 (E-Book)

Liebe Schülerin, lieber Schüler,

so bunt Religion und Glaube sind, so vielfältig sind die Themen dieses Religionsbuches. Es lädt euch ein, über große Fragen nachzudenken, markante Gestalten der Bibel kennenzulernen, dunkle Seiten des Lebens im Licht der Passionserzählung zu erkunden, weit in die Vergangenheit des Christentums zurückzublicken und schließlich Kindern aus aller Welt zu begegnen.

Jedes der fünf Kapitel nimmt euch mit auf eine besondere Reise, die drei Etappen umfasst. Wie bei einer echten Reise könnt ihr keine davon auslassen. Jede Etappe ermöglicht euch neue Einsichten und Erfahrungen zum Thema und ist gleichermaßen wichtig. Mit den **Hinwegen** startet ihr ins Thema des Kapitels. Dabei könnt ihr eure Fragen und Kenntnisse ins Spiel bringen und erste Entdeckungen machen. In den **Durchgängen** befindet ihr euch mitten auf der Reise. Aus vielerlei Blickwinkeln könnt ihr das Thema erkunden, wobei euch manche Überraschungen begegnen werden. Die **Ausblicke** beschließen das Kapitel. Auf diesem letzten Wegstück sind besonders eure eigenen Gedanken und kreativen Einfälle zum Thema gefragt.

Damit ihr Religion auf vielfältige Weise begegnen könnt, bietet euch dieses Buch ganz unterschiedliche Aufgaben. Aufmerksames Wahrnehmen ist dabei ebenso wichtig wie überlegtes Deuten und Beurteilen, gemeinsames Besprechen sowie eigenes Gestalten und Ausprobieren. Durch all diese Tätigkeiten könnt ihr selbst zu Forscherinnen und Forschern werden, die sich mit Religion auskennen, auseinandersetzen und dabei eigene Standpunkte entwickeln. Damit das gelingt, haben wir in jedem Kapitel besondere Doppelseiten gestaltet: Mithilfe von **Innehalten 1** lernt ihr grundlegende Fertigkeiten; bei **Innehalten 2** könnt ihr wichtige Inhalte eines Kapitels eigenständig durchdenken. Immer wieder findet ihr in den Kapiteln kleine ↗Pfeile. Sie verweisen auf ein kurzes Lexikon in diesem Buch (Seite 137 bis 142). Dort sind die mit Pfeilen gekennzeichneten Wörter erklärt.

Wir freuen uns, euch mit **Unterwegs. Religion begegnen.** ein Schulbuch an die Hand zu geben, mit dem ihr die bunte Welt von Religion und Glauben entdecken und erschließen könnt.

Die Autorinnen und Autoren sowie
Eva Stögbauer-Elsner und Burkard Porzelt als Herausgebende

Inhalt

3 Hoffnung in Leid und Tod

4 Begeisterung des Anfangs

5 Vielfalt der Kulturen und Lebenswelten

L Lexikon

1 Staunen und Nachdenken über Gottes Welt

Staunenswertes

„Boah, das ist ja der Wahnsinn! Wie kann das sein und wo kommen die so plötzlich her?“ Ganz gebannt starrt ein Junge in den Himmel zu den Polarlichtern hoch – und seine kleine Schwester fragt nach: „Wer hat die denn gemacht?“ Beide machen in diesem Moment etwas typisch Menschliches: Sie staunen, fragen und beginnen zu ↗philosophieren.
Menschen sind so. Sie begegnen etwas Kleinem oder sehen etwas Großes, sie werden auf etwas Unscheinbares aufmerksam oder erleben etwas Überwältigendes. Sie wundern sich und staunen darüber. Nicht umsonst betonten die griechischen Philosophen bereits vor über 2000 Jahren, das Staunen und Sichwundern sei der Anfang des Philosophierens. Stellt sich nur die Frage: Was heißt Philosophieren? Philosophie bedeutet so viel wie Liebe zur Weisheit. Ein Mensch, der philosophiert, ist also ein Freund der Weisheit und damit auch der großen Fragen. Und er sucht nach Antworten.

Auf eine philosophische Frage kann man sehr vielfältige, unterschiedliche oder sogar gegensätzliche Antworten erhalten. Nicht alle befriedigen die Neugier, manche werfen vielleicht wieder neue Fragen auf.
Dieses Kapitel bietet zahlreiche Anstöße zum Nachdenken über Gott und die Welt, damit du selbst das Philosophieren ausprobieren kannst. Du erhältst die Möglichkeit, über die Welt zu staunen, dich mit großen Fragen auseinanderzusetzen, vielerlei Antworten kennenzulernen und diese Antworten wiederum zu hinterfragen. Du kannst aber auch dir selbst eine vorläufige Antwort auf die eine oder andere Frage geben und diese im Gespräch mit anderen vertreten, was nicht immer ganz einfach ist. Schicke nun deine Gedanken auf Reisen.

1 *Säurekristall*

2 *Milchstraße*

3 *Straßenkunst*

4 *Fischschwarm*

1 Lies den Text. Stell dir vor, du möchtest eine ↗Philosophin oder ein Philosoph werden. Welche Eigenschaften solltest du haben? Was musst du können und tun? Notiere drei Adjektive für die Eigenschaften und drei Verben, die dein Tun beschreiben.

2 Das Kapitel startet auf Seite 7 mit einem Bild, das den Titel „Himmelsblumen" trägt. Auf dieser Doppelseite siehst du vier weitere Fotos.
   a Wähle eines der fünf Bilder aus, das dich besonders erstaunt, und betrachte es in aller Ruhe.
   b Entwickle ein Akrostichon zu deinem Bild. Nimm dazu den Titel des Bildes und schreibe seine Buchstaben untereinander. Jeder Buchstabe wird zum Anfangsbuchstaben eines deiner Gedanken zum Bild.
   c Vervollständige nun passend zu deinem Bild den Satz: „Zum Staunen bringt mich, dass ..."
   d Stellt eure Sätze in der Lerngruppe vor. Notiere dir dabei drei Ideen, die auch dich erstaunen.

3 Spiele für dich folgendes Gedankenexperiment durch: Worüber staunt ein Marienkäfer, ein Computer, ein Erwachsener?
   a Schreibt diese drei Substantive auf jeweils ein Plakat und verteilt die Plakate im Klassenzimmer. Geht dann herum und schreibt dazu, worüber ein Marienkäfer, ein Computer oder ein Erwachsener staunt.
   b Lest laut vor, was ihr aufgeschrieben habt.

4 Was bringt mich zum Staunen? Erstellt dazu im Klassenzimmer eine Bildergalerie.
   a Suche ein passendes Bild oder Foto und bringe es in die nächste Unterrichtsstunde mit.
   b Stellt eure Bilder im Klassenzimmer aus. Betrachtet zu zweit oder zu dritt die einzelnen Bilder. Tauscht euch dabei immer wieder über die Frage aus: „Was bringt mich bei diesem Bild zum Staunen?"

Fragen über Fragen

Müssen Fische auch trinken?

Warum werden wir rot, wenn uns etwas peinlich ist?

Wer wollte, dass die Welt entsteht?

Weiß das Eichhörnchen, dass es ein Eichhörnchen ist?

Darf man andere auch nicht mögen?

Warum kann man Gott nicht sehen?

Warum bekommt Max eine 2 und ich eine 4 in Mathe?

Wie schmeckt Milch?

Können Kühe rülpsen?

39 Fragen pro Tag!

Notiz vom 25. Februar: Wie viele Fragen stellt ein Mensch eigentlich an einem Tag? Was fragt er? Und wen fragt er? – Ich habe mich einen Tag lang selbst beobachtet und kam zu folgendem Ergebnis: Ich stellte 39 Fragen. 27 davon waren alltägliche Fragen an meine Frau, meine Kinder, den Hund: Was soll ich heute einkaufen? Hast du deine Sportsachen? Willst du Gassi gehen? Wo sind meine Schlüssel? Acht Fragen stellte ich an mich selbst als Erfinder, zum Beispiel: Was soll ich bloß entwickeln? Was brauchen die Menschen dringend? Und schließlich kamen mir im Lauf des Tages noch weitere vier Fragen wie diese in den Sinn: Warum regnet es ausgerechnet heute? Wieso berichten die Nachrichten so wenig Erfreuliches?
Als ich einer Kollegin von meinem Experiment berichtete, meinte sie, das sei gar nichts. Ihre kleine Tochter würde am Tag mindestens 100 Fragen stellen. Sie hat mir ein paar dieser Fragen aufgeschrieben. Sie kleben nun an meiner Pinnwand.
Gestern hatte ich eine zündende Idee: Ich erfinde eine Fragen-Sortier-Maschine, um Menschen das Leben zu erleichtern.

1 Lies die Notiz des Erfinders.
- **a** Notiere, welche unterschiedlichen Arten von Fragen der Erfinder bei sich beobachtet hat.
- **b** Schätze dich selbst ein: Wie oft am Tag stelle ich Fragen? – Was frage ich beispielsweise? – Wen frage ich immer wieder? Halte deine Ergebnisse schriftlich in einer Tabelle fest.
- **c** Tauscht euch zu dritt über eure Einschätzungen aus.

2 Lest die Fragen, die an der Pinnwand des Erfinders hängen, reihum laut vor.
- **a** Denke kurz nach: Welche Frage willst du selbst hinzufügen? Notiere deine Frage auf einem kleinen Zettel.
- **b** Kommt alle zusammen, stellt euch eure Fragen vor und heftet sie dabei nach und nach an die Wand.

3 Der Erfinder hat bereits einen Prototyp seiner Fragen-Sortier-Maschine entworfen. Ihm ist aber noch nicht klar, wie er die Fragen sortieren soll. Arbeitet in Gruppen an einer Lösung.

a Schreibt alle Fragen, die an der Pinnwand des Erfinders hängen, auf kleine Zettel.

b Versucht nun, die Zettel zu ordnen. Welche Fragen passen zusammen? Sortiert sie in Gruppen. Folgende Ordnungsideen können euch helfen: dringliche Fragen – unbeantwortbare Fragen – naturwissenschaftliche Fragen – ↗philosophische Fragen. Formuliert für jede Gruppe selbst eine treffende Überschrift.

c Stellt eure Sortierideen in der Lerngruppe vor.

4 „Jesus führt mehr durch Fragen zum Glauben als durch belehrende Reden. In den Evangelien finden sich […] über 220 Fragen Jesu“, schreibt Pater Ermes Ronchi, ein italienischer Theologe.

a Was denkst du: Warum sind Fragen so wichtig, wenn es um Gott und Glaube geht?

b Diskutiert über eure Gedanken in der Lerngruppe.

Große Fragen

Warum ich Tatsachen mag

In Sally Nicholls' Roman „Wie man unsterblich wird" schreibt der 11-jährige Sam seine Gedanken in ein Notizheft. Einer seiner Einträge lautet:

Ich mag Tatsachen. Ich *weiß* einfach gern Dinge. Erwachsene kapieren so was nicht. Du stellst ihnen eine einfache Frage wie „Bekomme ich zu Weihnachten ein neues Fahrrad?", und bekommst eine schwammige Antwort wie „Bis dahin ist es noch so lange hin, mal sehen, wie du dich dann fühlst". Oder du fragst deinen Arzt: „Wie lange muss ich noch im Krankenhaus bleiben?", und er sagt: „Erst mal abwarten, welche Fortschritte du machst" oder so was. In der Sprache von Ärzten heißt das so viel wie „Ich weiß es nicht".

1 Betrachte die Bilder A bis E aufmerksam.
- **a** Arbeitet zu zweit: Erzählt eine Geschichte zu den Bildern. Lost vorher aus, wer anfängt.
- **b** Findet in eurem Team zu jedem Bild einen Untertitel, der als Frage formuliert ist. Vergleicht eure Untertitel mit den Vorschlägen eines anderen Zweierteams.

2 Lest Sams Notizhefteintrag zwei Mal laut vor.
- **a** Welche Aussage von Sam gibt dir am meisten zu denken? Tauscht euch darüber aus.
- **b** Besprecht in der Lerngruppe, zu welchem der fünf Bilder Sams Eintrag am besten passt.
  Tipp: Auf Seite 62 erfahrt ihr mehr über Sam.

Ich muss nie mehr ins Krankenhaus. Das hat Doktor Bill mir versprochen. Ich muss nur noch in die Tagesklinik, das ist alles. Wenn ich richtig krank werde, darf ich zu Hause bleiben.
Weil ich nämlich sterbe.
Vermutlich.
Dass man stirbt, ist die schwammigste Sache überhaupt. Darüber sagt dir keiner was. Du stellst Fragen, und sie fangen an zu husten und wechseln das Thema.
Falls ich groß werde, werde ich Forscher. Nicht so einer, der irgendwelche Chemikalien zusammenmixt, sondern einer von der Sorte, die UFOs erforscht und Geister und solche Sachen. Ich werde in Spukhäuser gehen und Experimente machen und nach Beweisen dafür suchen, ob es Poltergeister und Außerirdische und Ungeheuer im Loch Ness tatsächlich gibt oder nicht. Ich bin richtig gut darin, Sachen rauszufinden. Ich werde Antworten auf all die Fragen finden, auf die man nie eine Antwort bekommt.
Auf alle.

Sally Nicholls

D

E

3 Sam sammelt in seinem Notizheft Fragen, „auf die man nie eine Antwort bekommt."

- **a** Überlege und schreibe eine Frage, die du auf jeden Fall in einem solchen Notizheft vermerken würdest, auf einen kleinen Zettel.
- **b** Lest eure Fragen reihum vor und klebt sie anschließend auf ein Plakat.

4 Auf dieser Seite geht es um „große Fragen" des Menschen. „Große Fragen" sind zum Beispiel: „Was ist Liebe?" – „Wohin gehe ich?" – „Wer bin ich?" – „Woher komme ich?" – „Gibt es Gott?"

- **a** Ordne jedem Bild auf dieser Doppelseite eine dieser fünf Fragen zu. Überprüft eure Zuordnungen in der Lerngruppe.
- **b** Findet sich auf eurem Plakat auch eine „große Frage"? Überlegt gemeinsam.
- **c** Wähle eine der fünf Fragen aus und gestalte dazu eine „Kritzelseite" in deinem Heft. Du kannst zu dieser Frage etwas schreiben, zeichnen, einkleben ... Deiner Fantasie sind keine Grenzen gesetzt.

Gedanken sammeln

„Wie sieht das Unglück aus?“, fragt die Kunstlehrerin am Morgen ihre Schülerinnen und Schüler. Dafür erntet sie ratlose Blicke und leises Gemurmel: „Keine Ahnung!“ „Seltsame Frage!“ „Weiß nicht!“ Da der Klasse erst einmal nichts einfällt, schlägt die Lehrerin ein Brainstorming vor.

1. Was heißt „Brainstorming“?

Wörtlich übersetzt bedeutet Brainstorming „Gedankensturm“. Dahinter steckt die Idee, dass man seinen Gedanken freien Lauf lassen soll: Die Gedanken sollen „stürmen“ und „toben“ dürfen. Im Deutschen wird Brainstorming meist mit „Ideensammlung“ oder „Ideenfindung“ übersetzt.
Beim Brainstorming werden von einer Person oder einer Gruppe innerhalb kurzer Zeit möglichst viele Ideen zu einer Frage gesammelt. Als Erfinder dieses Verfahrens gilt der amerikanische Werbefachmann Alex Osborn. Er beobachtete, dass seinem Team oft keine guten Werbeideen einfielen, und entwickelte dagegen das Brainstorming. Sein Motto: Nicht verkrampft eine richtige Antwort finden wollen, sondern möglichst viele Ideen suchen. Osborn war sich sicher: Man kann Wertvolles entdecken, wenn man spontan und ohne Scheu loslegt.

2. Wie gelingt ein Brainstorming?

Damit ein Brainstorming gelingt, sind bestimmte Regeln zu beachten:

3. Wer nimmt teil?

„Brainstormen“ können alle. In eurer Lerngruppe könnt ihr das entweder einzeln, in kleinen Teams oder in der Gruppe machen. Bei großen Gruppen empfiehlt es sich, eine Leitung sowie eine Schreiberin bzw. einen Schreiber zu bestimmen, um für einen geregelten Ablauf zu sorgen und um alle Ideen festzuhalten.

4. Wie läuft ein Brainstorming ab?

Bevor ihr euren Gedanken freien Lauf lasst, müsst ihr gemeinsam eine Frage festlegen. Sie sollte präzise und eindeutig formuliert sein. Hilfreich sind offene Fragen, die mit „wie“, „was“ oder „warum“ beginnen. Das benötigte Material liegt bereit: Plakate zum Aufschreiben der Ideen, Stifte sowie kleine Kärtchen oder Klebezettel für eure Notizen. Ein Brainstorming dauert zwischen fünf und 40 Minuten und besteht aus zwei Phasen.

1 *Ideen sammeln:* Die Frage wird als Überschrift groß notiert. Danach könnt ihr eure Ideen entweder vorab für euch notieren oder sofort frei äußern. Alle Ideen werden gut sichtbar und lesbar auf dem Plakat festgehalten. Während dieser Phase dürft ihr die Ideen auf keinen Fall kritisieren: Alle Einfälle sind erlaubt und willkommen.

2 *Ideen ordnen:* Anschließend ordnet ihr gemeinsam die Gedanken. Erst jetzt darf Kritik geübt werden; Ideen dürfen bewertet oder sogar aussortiert werden. Zum Schluss könnt ihr eine Liste der vielversprechendsten Einfälle erstellen.

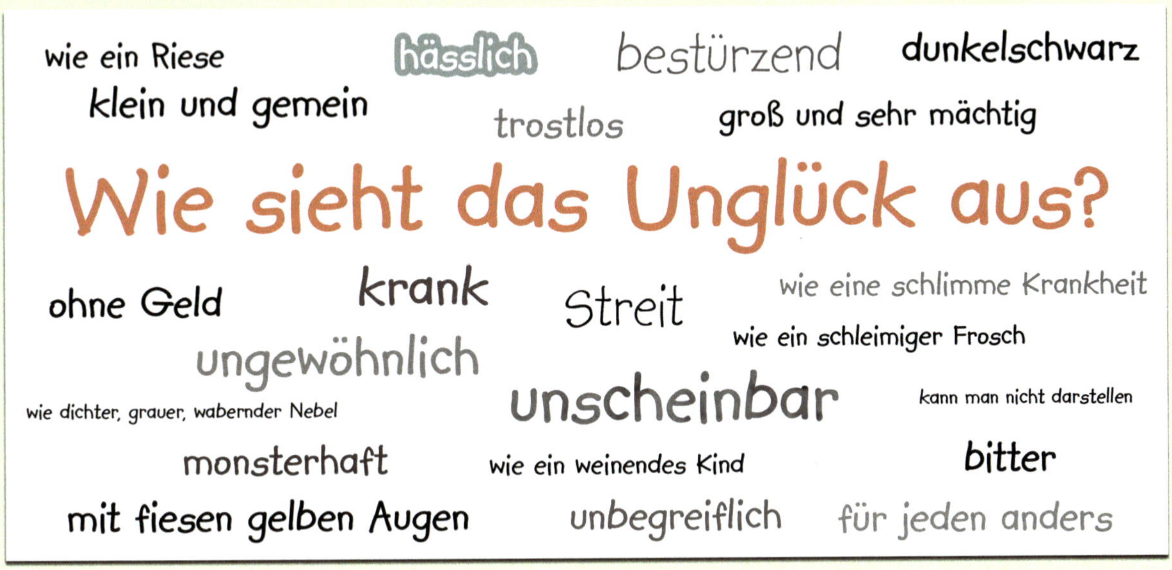

1 Wie war das noch mal mit dem Brainstorming?
  - a Lies den Informationstext aufmerksam durch und schließe dann das Buch.
  - b Wiederholt zu zweit, was ihr euch über Grundidee, Regeln, Vorbereitung und Ablauf eines Brainstormings gemerkt habt. Schlagt noch einmal auf dieser Doppelseite nach, wenn ihr euch nicht sicher seid.

2 Schülerinnen und Schüler haben zahlreiche Ideen zur Frage „Wie sieht das Unglück aus?“ gesammelt. Sucht gemeinsam nach einer Ordnung.

3 Führt ein Brainstorming zu folgender Frage durch: Was braucht der Mensch zum Glück?
  - a Bildet Gruppen von fünf bis sechs Personen. Notiert eure Gedanken auf kleine Zettel. Nehmt euch dafür fünf Minuten Zeit.
  - b Ordnet eure Ideen und erstellt eine „Top-5-Liste“ zur Frage, was der Mensch zum Glück braucht.
  - c Schreibt eure Listen an die Tafel und vergleicht sie. Achtet dabei auf Ähnlichkeiten und Unterschiede.

Warum bin ich auf der Welt?

Rosa, Felix, Amelie und Jakob gehen nach der Schule gemeinsam nach Hause. Angeregt durch die Lektüre des Buches „Wie man unsterblich wird“ von Sally Nicholls unterhalten sie sich über eine große Frage.

1 Warum bin ich auf der Welt? – Seltsame Frage, darüber hab ich noch nie so richtig nachgedacht.

2 Na ja, das ist doch einfach. Deine Eltern haben sich gesehen, sich verliebt, rumgeknutscht – und schwupp warst du da.

6 Bäh. Ich mag nicht verreisen. In Bus und Flugzeug wird mir immer übel. Vielleicht sind wir ja hier, um eine bestimmte Aufgabe zu erfüllen.

4 Den du dann küssen kannst?

7 Meinst du? Ich weiß nicht so recht. Was soll das denn für eine Aufgabe sein?

Rosa   Felix

5 Mir raucht der Kopf von euren Fragen! Ich glaube, man ist auf der Welt, um viel zu unternehmen und Spaß zu haben. Man sollte viele Freunde haben und die Welt bereisen.

3 Aber: Was wäre, wenn sich Rosas Mama und Papa nicht verliebt hätten? Wäre Rosa dann auch da? Oder nicht? Hieße sie dann nur anders? Würde sie woanders leben? Oder wäre sie ein Frosch?

9 Hmm. Ich würde gern Sängerin werden. Aber bin ich nur deshalb auf der Welt?

8 Da gibt es ganz viele: ein Heilmittel erfinden, einen neuen Planeten entdecken, ein irres PC-Spiel entwickeln, die Welt ein bisschen schöner machen …

Amelie   Jakob

1 Lest das Gespräch mit verteilten Rollen vor. Achtet auf die Reihenfolge der Nummerierung.

2 An welcher Stelle hättest du dich am liebsten in dieses Gespräch eingemischt?
   a Notiere die entsprechende Ziffer und formuliere deinen Gesprächsbeitrag (beispielsweise eine Gegenfrage, eine Antwort, einen Kommentar) in einem Satz.
   b Lasst euch das Gespräch von eurer Lehrerin oder eurem Lehrer vorlesen und bringt eure Gesprächsbeiträge jeweils an der passenden Stelle ein.

3 Rosa, Amelie, Jakob und Felix finden sehr unterschiedliche Antworten auf die eine Frage.
   a Schreibt die Satzanfänge „Der Mensch ist auf der Welt, weil …“ und „Der Mensch ist auf der Welt, um …“ auf ein Plakat und ergänzt sie.
   b Markiere auf dem Plakat die zwei Antworten, die dich am meisten überzeugen, mit einem Klebepunkt.
   c Sucht zwei Freiwillige, die euer Abstimmungsergebnis in Worte fassen.
   d Tauscht euch darüber aus, welche Bepunktungen euch überraschen.

10 Um gute Noten zu schreiben und später einen coolen Job mit viel Kohle zu machen, dazu sind wir doch da.

11 Oh je! Ich habe aber nur selten gute Noten, vor allem in Deutsch und Latein nicht. Was heißt das dann?

12 Dass du möglicherweise umsonst auf der Welt bist?

13 Doofi! Weil du nur Einsen schreibst, was? Aber wenn ich an die Schule denke, dann sind wir wohl dazu da, Fragen zu beantworten und Hausaufgaben zu machen.

14 Vielleicht sind wir ja auch einfach so da, ohne bestimmten Grund. Schließlich gibt es seit Tausenden von Jahren Menschen. Und du und ich sind halt zwei davon.

15 Aber es ist doch komisch, dass es überhaupt Menschen gibt. Der Mensch hätte ja auch nicht entstehen müssen. Delfine, Elefanten und Affen hätten gereicht. Warum gibt es nicht intelligente Tintenfische, die uns in Käfigen halten wie Haustiere?

16 Denkt ihr, Gott hat etwas damit zu tun?

17 Womit genau?

18 Na damit, dass wir hier auf der Welt sind, weil er das so gewollt hat?

19 Unwahrscheinlich, aber nicht unmöglich. Aber: Was wollte Gott mit den Menschen? Wozu sind sie denn in seinen Augen gut?

20 Um wieder Kinder zu haben? Damit das Leben immer so weitergeht?

21 Und wenn ich mal keine Kinder kriege? Wozu bin ich dann da? Vielleicht um ...

Jakob Amelie

Rosa Felix

Das Gespräch geht noch eine Weile weiter. Und da die vier keine befriedigende Antwort finden, beschließen sie, andere zu fragen. Jeder soll eine Person interviewen, deren Ansicht über den Sinn des Lebens besonders interessant sein könnte, und dann den anderen darüber berichten. Wen Jakob, Rosa, Felix und Amelie befragen, erfährst du auf den folgenden Seiten.

4 Warum bin ich auf der Welt? Erfinde dein eigenes Gespräch.
   a Überlege, mit wem du dich über diese Frage unterhalten möchtest: mit einem Familienmitglied, mit einem Freund oder einer Freundin, mit einer Filmfigur, mit einem Tier ...
   b Gestalte das Gespräch auf einer halben Seite in deinem Heft.
   c Lies die Gespräche von vier Mitschülerinnen oder Mitschülern.
   d Welche Antwort auf die Frage „Warum bin ich auf der Welt?“ ist dir am wichtigsten geworden? Kommt darüber in eurer Lerngruppe ins Gespräch.

Von Weisheit und Heldenmut

„Wahnsinn, wer stellt denn solche Fragen? Wozu bin ich auf der Welt, was ist der Sinn des Lebens? Pfft!“ Felix grübelt über das Gespräch mit seiner Clique nach und fragt sich, wer darauf eine Antwort wissen könnte. Da hat er eine Idee: Herr Seidl aus dem Museum, das sie kürzlich besucht haben. Hat Herr Seidl nicht gesagt, dass sie bei Fragen gern wiederkommen können? Und wie Felix seit dem Besuch weiß: Herr Seidl ist echt gut im Antworten.

Felix: Herr Seidl, Sie wissen doch so viel. Können Sie mir sagen, warum wir auf der Welt sind?

Herr Seidl: Das ist mal eine gute Frage! Warum du auf der Welt bist, kann ich dir nicht sagen. Aber ich kann dir einen Einblick geben, wie Menschen früher diese Frage beantwortet haben.

Felix: Wahnsinn ist ja, wie viele Menschen schon vor uns gelebt haben. Haben die alle nach dem Sinn des Lebens gefragt? Überall auf der Welt?

Herr Seidl: Knifflig! Es ist schwierig, an das heranzukommen, was Menschen vor langer Zeit gedacht haben. Hast du eine Idee, warum? *Felix schaut ratlos und zuckt mit den Schultern.* Nun ja, vieles ist verloren gegangen. Was die Menschen alltäglich beschäftigt hat, wurde meist gar nicht aufgeschrieben. Und wir können niemanden mehr direkt fragen, sondern müssen aus Dingen, die wir finden, Rückschlüsse ziehen. Welche Zeit interessiert dich denn besonders?

Felix: Die Römer. Deklinieren finde ich zwar doof, aber wenn unser Lehrer vom Alten Rom erzählt, ist das schon spannend. Ich weiß, dass die Römer einiges von den Griechen übernommen haben, so wie die Heldensagen. Die mag ich besonders.

Herr Seidl: Gut gewählt. Das Römische Reich war riesig. Es reichte einmal von England bis in den heutigen Iran. Ein großes Gebiet, in dem Millionen Menschen lebten – was meinst du, wie viele Antworten sich da finden lassen?

Felix: Bestimmt viele. Aber welche nun genau?

Herr Seidl: Du hast doch gesagt, du magst die Helden der Antike – welche fallen dir sofort ein?

Felix: Der Krieger Achilles natürlich – und Herkules, den mag ich besonders, der schlägt dem einen Ungeheuer alle Köpfe ab und zähmt den Höllenhund.

Herr Seidl: Schau an! Und schon hast du eine Antwort auf den Sinn des Lebens gefunden. Wie die Griechen kannten die Römer die Taten des Herkules in- und auswendig. Sie wollten so sein wie er: gut, mutig, heldenhaft, damit ihre Taten nicht vergessen werden. Denn Ruhm macht unsterblich.

Felix: Das ist ja cool. Der Sinn des Lebens ist, ein Held zu sein? So wie Spiderman?

1 Felix ist der Ansicht, dass Herr Seidl gut im Antworten ist. Lest das Gespräch mit verteilten Rollen und besprecht anschließend, ob ihr diese Meinung teilt.

2 Felix hat sich Notizen gemacht, um seiner Clique vom Gespräch berichten zu können.
- Antworten früherer Menschen: schwierig heranzukommen, vieles ist verloren ...
- Altes Rom: riesiges Reich ...
- Sinn des Lebens bei den Römern: ein Held werden (wie Herkules), ein Weiser werden wie ...

a Schreibe seine Aufzeichnungen ins Heft und ergänze sie um weitere wichtige Informationen.

b Vergleicht zu dritt eure Ergänzungen.

Herr Seidl: Na ja, warum nicht? Oder du folgst dem Ratschlag einiger antiker ↗Philosophen und wirst ein Weiser. Im Alten Rom war die Philosophenschule der Stoa sehr beliebt. Ihr Ratschlag lautete: Führe ein tugendhaftes Leben und du findest den Sinn darin.

Felix: Da kann ich mir jetzt rein gar nichts drunter vorstellen.

Herr Seidl: Weil wir das Wort „tugendhaft" heute kaum mehr gebrauchen. In der Antike hieß das: tapfer sein, besonnen handeln, sich gerecht verhalten. Für manche war es außerdem wichtig, die Vorfahren zu achten und die Götter zu ehren.

Felix: Der Sinn des Lebens liegt darin, Mut und Weisheit zu finden?

Herr Seidl: Möglich. Aber forsche doch einfach selbst nach. Hier auf diesem Sarkophag, einem prunkvollen Sarg, zeigt ein Beamter aus der römischen Kaiserzeit, was seinem Leben Sinn gab.

5 *„Brüdersarkophag" (um 260 n. Chr.)*

3 Felix entdeckt, dass der Verstorbene auf dem Sarkophag von links nach rechts gleich vier Mal auftaucht: als hoher Beamter in aufwändiger Toga, als ↗Philosoph im Mantel, als römischer Bürger mit Toga und zusammen mit seiner Ehefrau.

- **a** Betrachtet den Sarkophag zu zweit und identifiziert den Verstorbenen sowie die vier Szenen.
- **b** Alle Szenen bergen Hinweise, was dem Verstorbenen Sinn gab. Diskutiert, welche der folgenden Punkte stimmen: ein gutes Familienoberhaupt sein – Freunde haben – die Götter ehren – wie Herkules sein – Ruhm erwerben – dem römischen Staat dienen – die Sitten der Vorfahren achten – nach Weisheit streben.

4 Bilder können zeigen, was Sinn gibt. Entwerft zu dritt eine Szene für einen modernen Sarkophag.

- **a** Legt fest, wie eure Szene aussehen soll: Welche Personen treten auf? Wie sind sie gekleidet? Was tun sie gerade?
- **b** Fertigt eine Skizze eurer Szene an und stellt sie bei einem Galerierundgang vor.

Von langen Beinen und spitzen Nasen

Jakob stochert lustlos in seinem Abendessen. Das ganze Gerede heute hat ihn verwirrt: „Warum bin ich auf der Welt?“ Wen soll er fragen, um sich ein wenig Klarheit zu verschaffen? Schließlich ringt er sich durch. Große Schwestern sind immer ein wenig doof, aber insgeheim ist er stolz auf seine Schwester Mia. Sie studiert Biologie, um später einmal Evolutionsforscherin zu werden und die Geheimnisse des Lebens zu entschlüsseln. Er klopft an ihre Zimmertür, tritt ein – und wie immer bleibt sein Blick an dem riesigen Poster über ihrem Schreibtisch hängen. „Embryonentafel“ – so heißt die Überschrift.

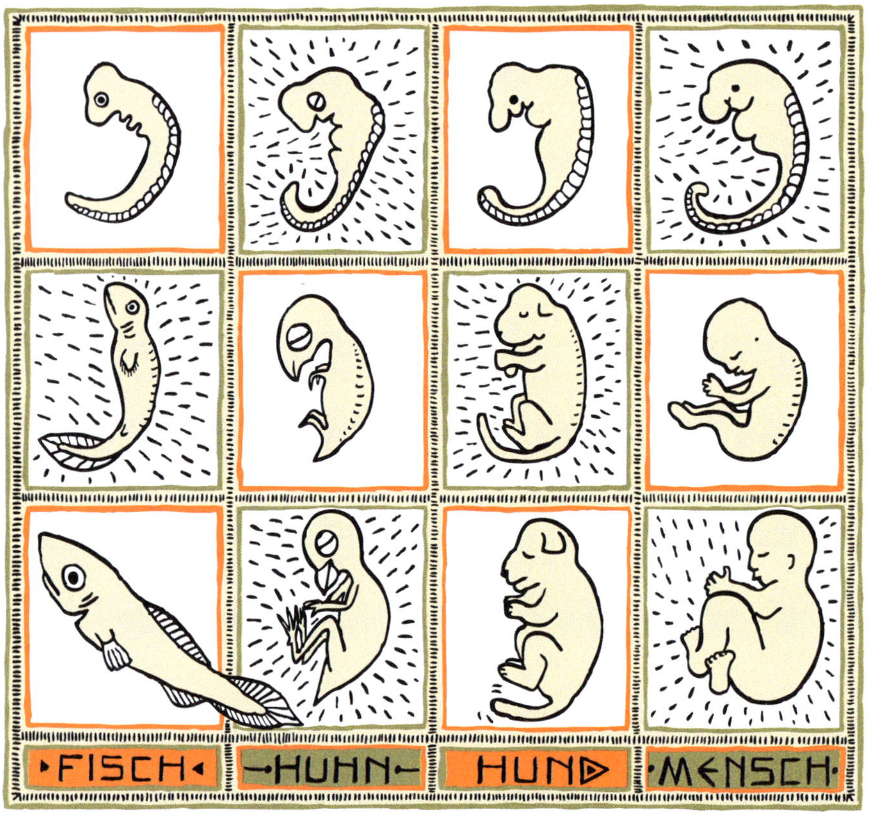

6 *Embryonentafel*

1 Über Mias Schreibtisch hängt eine Embryonentafel.

a Geht zu zweit auf Entdeckungsreise im Bild. Deckt zunächst die beiden unteren Reihen ab und beschreibt abwechselnd, was ihr seht. Betrachtet und beschreibt dann die mittlere und zuletzt die untere Reihe.

b „Der Mensch ist ...“ – Ergänze diesen Satzanfang zu einem Titel, der unter dem Poster in Mias Zimmer stehen könnte.

c Jakob beschäftigt die Frage: „Warum bin ich auf der Welt?“ Gibt dieses Poster darauf eine Antwort? Vertritt deine Meinung in der Lerngruppe.

2 Jakobs Schwester will Evolutionsforscherin werden. Sammelt an der Tafel, was ihr schon über den Begriff „Evolution“ wisst.

3 Lies das Gespräch zwischen Jakob und seiner Schwester still für dich durch.

Mia: Spannend, oder? Je mehr du in deine Vergangenheit zurückschaust, desto mehr ähnelst du anderen Wirbeltieren. Ganz am Anfang, als du nur eine befruchtete Eizelle warst, war überhaupt kein Unterschied zu erkennen.

Jakob (schaut geschockt): In meine Vergangenheit? Was hat das Poster denn mit mir zu tun?

Mia: Schau doch mal genau hin! Ganz rechts oben, so hast du einmal ausgesehen. Alle Menschen haben mal so ausgesehen. *Sie deutet auf den Ausschnitt.*

Jakob: Wie das Seepferdchen mit Knubbelnase? *Er staunt – und fragt dann plötzlich:* Warum bin ich auf der Welt, Mia?

Mia (grinst): Das kann ich dir schon sagen. Das hat mit dem Embryo, den du als Seepferdchen bezeichnet hast, zu tun. Neun Monate vor deiner Geburt haben Mama und Papa …

Jakob (schnell): Ja ja, das weiß ich schon. Das meine ich doch gar nicht. Ich meine, was hat es für einen Sinn, dass der Mensch da ist?

Mia: Na, einfach war gestern, hm? Weißt du, eigentlich machen wir Biologen uns keine großen Gedanken über diese Sinngeschichte, wir fragen eher danach, wie der Mensch entstanden ist.

Jakob: Du sprichst von der Evolution, oder?

Mia: Ja, Evolution heißt so viel wie Entwicklung. Alles auf dieser Welt hat sich entwickelt und dabei verändert. Uns Menschen gibt es erst seit Kurzem, seit etwa dreihunderttausend Jahren. Und der Mensch von damals unterscheidet sich ziemlich stark vom Menschen heute. Unsere Spezies entwickelte sich stetig weiter – und wir werden uns auch noch weiterentwickeln, wie auch alle anderen Lebewesen.

Jakob: Noch weiter? Du meinst, Evolution geht immer weiter?

Mia: Logisch. Eine lebende Art ist nie ganz fertig. Wenn sich die Lebensbedingungen verändern, ändern sich über Generationen hinweg auch die Lebewesen. Wer besser angepasst ist, hat bessere Überlebenschancen und eher die Möglichkeit, seine Gene weiterzugeben. Und da kommen Mama und Papa wieder ins Spiel.

Jakob: Wie das? Was haben die beiden denn damit zu tun?

Mia: Ihre Gene haben etwas damit zu tun. Nimm einmal deine langen Beine. Damit könntest du auf der Suche nach Nahrung weit wandern und vor Löwen besser wegrennen. Auch wenn das heutzutage, jedenfalls in Deutschland, nicht mehr wichtig ist, um deine Überlebenschancen zu verbessern. Die Bauanleitung für deine langen Beine sind die Gene. Gene sind aber nur die halbe Miete. Daneben ist es wichtig, dass du deine Muskeln trainierst – und am besten gehst du Löwen von vornherein aus dem Weg. Aber die Grundausstattung liegt in den Genen und die bekommen wir von unseren Eltern. Du hast Mamas lange Beine, ich habe Papas spitze Nase geerbt. Und überleg mal, wen kennst du denn noch mit Papas Nase?

Jakob (überlegt kurz und grinst): Opa Benjamin und Tante Pia.

Mia: Und aus biologischer Sicht ist das der Zweck eines Lebewesens: seine Gene weiterzugeben. Manche sehen darin vielleicht auch den Sinn des Lebens.

4 Nach dem Gespräch mit seiner Schwester verschickt Jakob eine Kurznachricht an Felix: „Habe mit Mia über Evolution gesprochen. Manches logisch ☺, anderes komisch??? Näheres morgen." – Schreibe in dein Heft zwei Aussagen von Mia, die du ziemlich logisch, und zwei, die du eher komisch findest.

5 Zuletzt gibt Mia eine biologische Antwort auf die Frage nach dem Sinn des Lebens. Überzeugt dich diese Antwort? Diskutiert eure Meinungen in der Lerngruppe.

Von Geldbörsen und Fragebögen

MARKTFORSCHUNGSINSTITUT

Börsemann & Söhne

1. Freunde sind wichtiger als Geld.
2. Mein Smartphone muss von einer bekannten Marke sein.
3. Um mir mehr leisten zu können, würde ich neben der Schule jobben.
4. Geld macht glücklich.
5. Gute Noten sollen mit Geld belohnt werden.
6. Shoppen macht mir Spaß.
7. Ich bekomme genug Taschengeld.
8. Wer mehr leistet, soll auch mehr verdienen.
9. Fußballer verdienen zu viel Geld.
10. Ich würde ein Viertel meines Taschengeldes für Menschen in Not spenden.

1 Startet eure eigene Umfrage.

a Teilt euch in fünf Gruppen auf, die jeweils ein Aussagenpaar übernehmen. Stellt für jede Frage einen kleinen Behälter auf (z. B. ein Mäppchen), auf den die Nummer der Frage geheftet ist.

b Nun kannst du zu den zehn Aussagen Stellung nehmen. Zeichne jeweils den Smiley auf einen kleinen Zettel, der deine Meinung ausdrückt, und stecke den gefalteten Zettel in den dazugehörigen Behälter.

c Jetzt sind die Gruppen an der Reihe. Zählt die Zettel zu euren beiden Aussagen aus und stellt das Ergebnis auf einem Plakat dar.

d Stellt eure Umfrage in der Lerngruppe vor und diskutiert eure Meinungen.

2 Lest das Gespräch zwischen Amelie und Frau Czermin in der Lerngruppe vor.

Amelie schaut auf dem Nachhauseweg bei Frau Czermin vorbei. Mit ihr konnte sie schon immer gut reden. Wahrscheinlich lag das daran, dass sich Frau Czermin von Berufs wegen mit Jugendlichen beschäftigt. Sie ist Marktforscherin und untersucht für große Firmen, was jungen Leuten wichtig ist.

Amelie: Hast du ein paar Minuten Zeit? Ich bräuchte mal jemanden zum Reden.

Frau Czermin: Natürlich, was hast du denn auf dem Herzen?

Amelie: Eine große Frage: Warum bin ich auf der Welt?

Frau Czermin: Ach herrje, du fragst Sachen! Also, ich habe festgestellt, dass vielen Leuten Geld, Leistung und Konsum wichtig sind. Willst du mal sehen, wie man herausfindet, was Jugendliche darüber denken? *Amelie nickt, das interessiert sie brennend.* In meinem Job arbeite ich dazu immer mit Fragebögen. Magst du einen lesen? Ich müsste irgendwo noch einen von der letzten Umfrage haben, warte mal. *Amelie liest den Fragebogen, während Frau Czermin Tee kocht. Dann sitzen beide am Tisch und beginnen sich zu unterhalten.*

Amelie: Da sind ein paar Fragen dabei, über die ich echt nachdenken muss. Der Bogen ist ganz schön schwer auszufüllen.

Frau Czermin: Warum denn das?

Amelie: Geld ist schon irgendwie wichtig. Aber ich verstehe nicht so ganz, was das damit zu tun haben soll, warum ich auf der Welt bin.

Frau Czermin: Ich glaube, das kann ich dir erklären. Manche Menschen sehen den Sinn ihres Daseins darin, möglichst viel Geld zu verdienen, um sich viel leisten zu können.

Amelie: Ist das alles? Geld und Shopping?

Frau Czermin (lacht): Ja, mehr oder weniger ist es das, aber es steckt natürlich schon noch ein bisschen mehr dahinter. Es geht darum, Leistung zu erbringen, um sich etwas leisten zu können.

Amelie: Das ist ja wie bei Felix. Für jede gute Note bekommt er Geld geschenkt. Je besser die Note, desto mehr Geld – und mit dem Geld geht er dann in den Computerladen.

Frau Czermin: Prinzip durchschaut! Unsere Gesellschaft ist eine Konsumgesellschaft: Je mehr man leistet, desto mehr verdient man. Je mehr man verdient, umso mehr kann man sich leisten. Und darin sehen viele Menschen ihren Lebenssinn: Leistung erbringen, Geld verdienen – und es dann für schöne Dinge ausgeben. Das macht sie glücklich.

Amelie: Ich kaufe mir auch gern was. Im Moment spare ich auf ein neues Smartphone. Und wenn ich genug Geld habe, dann kaufe ich es. Das macht mich schon irgendwie glücklich. Aber bin ich dazu auf der Welt? Und was ist, wenn ich einmal nicht viel Geld verdiene?

3 Amelie erstellt mit Frau Czermin ein Schaubild, um ihrer Clique das Gespräch besser veranschaulichen zu können. Darin kommen folgende Begriffe vor: Leistung – Geld – Glück – Konsum. Wie könnte dieses Schaubild aussehen?
- **a** Entwerft zu dritt auf einem DIN-A-3-Blatt ein solches Schaubild. Ergänzt, wenn notwendig, die Begriffsliste.
- **b** Vergleicht euer Schaubild mit dem einer anderen Gruppe und hängt es im Klassenraum auf.

4 Nach Meinung von Frau Czermin sehen manche Menschen den Sinn ihres Daseins darin, möglichst viel Geld zu verdienen, um sich viel leisten zu können.
- **a** Schreibe zwei Fragen auf ein Blatt, die du einem solchen Menschen stellen willst.
- **b** Sammelt alle Zettel ein und lasst sie euch vorlesen.

Von Fingerzeigen und Fragezeichen

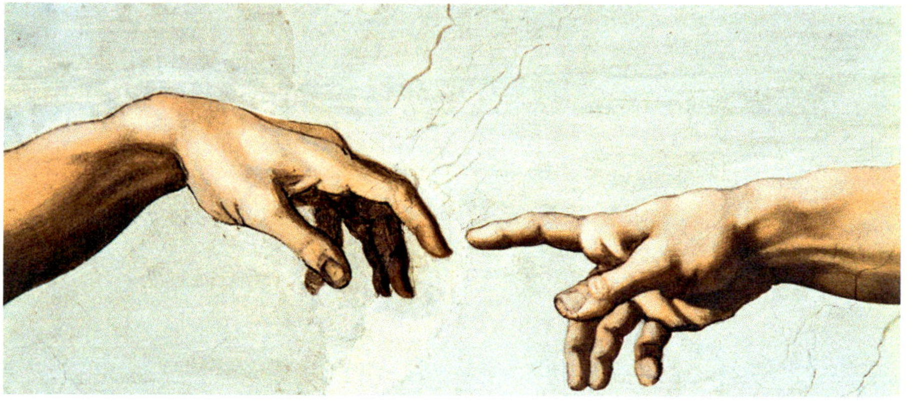

7 *Michelangelo Buonarroti: Ausschnitt aus dem Deckengemälde in der Sixtinischen Kapelle (1511)*

Zwei Tage nach dem Gespräch mit ihrer Clique geht Rosa ins Jugendcafé „Babel". Sie hofft, dass Tino heute dort arbeitet. Tino studiert, und Rosa mag seine lustige Art. Er hat immer tolle Ideen für Aktionen. Rosa möchte gern wissen, was Tino zu ihrer Frage zu sagen hat.

Rosa: Amelie, Felix, Jakob und ich haben uns vorgestern nach der Schule gefragt, warum wir auf der Welt sind. Du willst doch später einmal Religionslehrer werden, oder? Dann sag mir doch mal, was du deiner Klasse darauf antworten würdest.

Tino: Was ich meiner Klasse sagen würde? Darüber habe ich mir bislang noch keine Gedanken gemacht. Ja, gute Frage – was antworte ich denn da? *Stirnrunzelnd zückt er sein Tablet.*

Rosa: Gut, dass ich dich jetzt gefragt habe, bevor du so planlos vor deiner Klasse stehst.

Tino (lacht): Schau mal! Als Erstes ist mir zu deiner Frage dieses Bild in den Sinn gekommen.

Rosa: Das sind ja bloß zwei Hände.

Tino: Ja, aber es sind zwei besondere Hände, die Michelangelo auf die Decke der Sixtinischen Kapelle im Vatikan gemalt hat: Gottes Hand und die Hand eines Menschen. Schau mal genau hin, wie die beiden Finger aufeinander zeigen.

Rosa: Und wieso passen diese zwei Finger zu meiner Frage?

Tino: Weil ich denke, dass Michelangelo vor über 500 Jahren einen besonderen Gedanken an die Kapellendecke gezaubert hat. Und dieser Gedanke beantwortet für viele Christinnen und Christen die Frage nach dem Sinn ihres Lebens.

1 Was machen Hände und Finger?
- **a** Führt ein kurzes Brainstorming durch.
- **b** Sucht die Einfälle heraus, die besonders gut zum Bildausschnitt oben links passen.

2 Lies still für dich durch, was Rosa und Tino auf dieser Seite besprechen.
- **a** Tino macht Rosa auf die obigen Hände aufmerksam. Was können diese Hände mit dem Sinn des Lebens zu tun haben? Stelle Vermutungen an.
- **b** Sammelt eure Vermutungen an der Tafel.

3 Vertieft euch in das Bild oben rechts.
- **a** Zählt abwechselnd auf, was ihr auf dem Bild entdecken könnt.

8 *Michelangelo Buonarroti: Ausschnitt aus dem Deckengemälde in der Sixtinischen Kapelle (1511)*

Rosa: Das Bild ist aber schon ziemlich alt – und Michelangelo ist schon lange tot. Was denkst denn du über den Sinn des Lebens? Was ist deine eigene Antwort?

Tino: Ich glaube, wir Menschen sind im Leben nicht allein. So wie der Adam auf Michelangelos Bild nicht allein ist. Es gibt da eine gütige Macht, die bei uns ist und die wir Gott nennen. Gott hat die Welt erschaffen und er ist immer da, selbst wenn ich ihn nicht sehen kann.

Rosa: Hm! So habe ich das bisher noch nicht gesehen. Ich bin mir da nicht so sicher wie du.

Tino: Das ist vollkommen okay. Niemand kann dir die Antwort auf deine Frage vorschreiben. Für mich ist Gott wichtig. Und dass er da ist, gibt mir ein gutes und sicheres Gefühl.

Rosa: Was hat denn Gott damit zu tun, warum wir auf der Welt sind?

Tino: Alle Menschen sind von Gott gewollt, auch ich. Das zu begreifen und danach zu leben, das ist für mich das Wichtigste im Leben.

Rosa: Was heißt es denn, danach zu leben, dass wir von Gott gewollt sind?

Tino: Wenn Gott die Welt, die Menschen und mich gernhat, dann sollte ich das auch versuchen. Jesus sagte mal, es komme darauf an, sich selbst, den Nächsten und Gott zu lieben. Das ist echt schwierig und anspruchsvoll. Aber letztlich sind wir auf der Welt, um zu lieben, wie Gott uns liebt.

Rosa: Und das tust du jeden Tag?

- **b** Besprecht, welche Adjektive am besten das Verhältnis zwischen Gott und Mensch auf diesem Bild beschreiben: herrschaftlich – freundschaftlich – respektvoll – ungleich – gleichberechtigt – liebevoll.

4 Wie beantwortet Tino die Frage, warum wir auf der Welt sind?

- **a** Lest das Gespräch auf der rechten Seite zwei Mal laut vor.
- **b** Suche aus Tinos Aussagen sechs bis acht Schlüsselwörter heraus und gestalte dazu eine Wortwolke in deinem Heft.

5 Tino, Frau Czermin, Mia, Herr Seidl: Wer sagt was?

- **a** Bildet für jeden Gesprächspartner der Kinder mindestens eine Gruppe.
- **b** Schlagt die entsprechende Doppelseite auf und sucht dort nach Antworten auf die Frage „Wozu sind wir auf der Welt?"
- **c** Notiert jede Antwort groß auf einem DIN-A4-Blatt.
- **d** Stellt die Antworten in der Lerngruppe vor und findet Ähnlichkeiten und Unterschiede.

Was ist der Sinn des Lebens?

Nach einer Antwort suchen

In den Hinwegen dieses Kapitels hast du gestaunt, verschiedene Fragen gestellt und über große Fragen nachgedacht. Mit einer dieser großen Fragen hast du dich dann in den Durchgängen ausführlich beschäftigt: „Warum bin ich auf der Welt?“ Über mehrere Seiten hinweg hast du Felix, Jakob, Rosa und Amelie auf ihrer Suche nach einer Antwort auf diese Frage begleitet und dabei ganz unterschiedliche Antwortmöglichkeiten kennengelernt.

Nach dem Wochenende treffen sich die vier Jugendlichen in der Mittagsbetreuung wieder und bringen die anderen auf den neuesten Stand:

Ich war im Museum und habe mit Herrn Seidl über den Sinn des Lebens gesprochen. Voll interessant war …

Felix Rosa

Also, Tino aus dem Jugendcafé will doch Religionslehrer werden und er hat gesagt …

Frau Czermin macht viele Umfragen. Sie meint …

Amelie Jakob

Meine Schwester Mia studiert Biologie und sie denkt …

1 Rosa, Felix, Jakob und Amelie fassen ihre Gespräche zusammen.
  a Führe die vier Sprechblasen schriftlich weiter. Begrenze dich jeweils auf zwei Sätze.
  b Erkläre, was Tinos Antwort von Mias oder Herrn Seidls Antwort unterscheidet.

2 Nachdem sich die Clique ausgetauscht hat, fragt Rosa: „Und jetzt? Wer hat nun recht?“ – Was würdest du antworten? Entwirf einen Dialog mit Rosa, bei dem du zwei Mal zu Wort kommst. Beginne dein Gespräch mit Rosas Frage.

3 Herr Seidl, Mia, Tino, Frau Czermin – mit wem würdest du dich gern unterhalten? Begründe deine Entscheidung.

4 Lies das Bekenntnis von Marie auf Seite 27 aufmerksam durch.
  a Für Marie sind vier Vorstellungen von Gott wichtig. Suche sie aus den folgenden Möglichkeiten heraus und schreibe sie auf:
  Gott ist für mich einzigartig. – Gott hat mich so gemacht, wie ich bin. – Gott hat mich dazu bestimmt, andere glücklich zu machen. – Gott beschützt mich. – Gott bestraft die Bösen. –

Von einer Antwort überzeugt sein

Manche Menschen sind fest von einer Antwort überzeugt und stehen für sie ein, auch wenn sich diese Antwort nicht endgültig beweisen lässt. Marie, eine Schülerin der neunten Klasse, hat aufgeschrieben, welche Antwort sie für sich gefunden hat.

> Ich glaube an Gott, weil ich fest davon überzeugt bin, dass er die Welt – und somit auch jeden einzelnen Menschen auf der Welt – erschaffen hat. Aber nicht nur aus Lust und Laune, sondern weil Gott mich und jeden anderen Menschen voller Absicht so gestaltet hat, wie er es wollte. Jeder hat seine Stärken und seine Schwächen, und damit ist jeder Mensch für sich einzigartig. Und das halte ich für ein unglaubliches Geschenk.
>
> Ich glaube auch, dass Gott mich dazu bestimmt hat, mit anderen Menschen zusammen zu sein und zu helfen, sie glücklich zu machen. Jemand anderes spürt vielleicht eine andere Aufgabe in seinem Leben. Aber letztendlich bin ich davon überzeugt, dass Gott sich bei jedem von uns etwas gedacht hat. Und deshalb hält er auch seine schützende Hand über mich wie über jeden anderen, auch wenn ich das vielleicht nicht immer direkt spüre, aber ich vertraue ihm da einfach mal.
>
> Genauso wie ich ihm vertraue, wenn es darum geht, wohin ich irgendwann einmal gehen werde, wenn ich nicht mehr auf dieser Welt bin. Ich glaube ganz fest, dass er auch dann bei mir sein und mich nicht allein lassen wird. Er ist halt einfach Gott. Nicht mehr und nicht weniger. Im Glauben an ihn fühle ich mich daheim.

Gott kennt mich am besten. – Gott lässt mich auch im Tod nicht allein. – Mit Gott kann ich immer sprechen.

b In Maries Bekenntnis finden sich Antworten auf drei große Fragen: Wozu bin ich da? – Woher komme ich? – Wohin gehe ich? Notiere, in welchem der drei Absätze jede Frage beantwortet wird.

5 Laut Frau Czermin sehen manche Menschen den Sinn ihres Lebens darin, Leistung zu erbringen, viel Geld zu verdienen und es für schöne Dinge auszugeben. Marie sieht das anders. Worin aber unterscheidet sich Maries Antwort von der Ansicht, über die Frau Czermin mit Amelie gesprochen hat? Benenne zwei auffällige Unterschiede.

Wenn alle fertig sind …

Beim ↗Philosophieren muss man einiges können: über die Welt staunen, (große) Fragen stellen, verschiedene Antworten suchen, die eigene Antwort finden, seine Antwort gegenüber anderen vertreten.

a Schreibe die fünf Tätigkeiten in dein Heft. Denke an die letzten Stunden: Was kannst du schon ganz gut? Wo fühlst du dich noch unsicher?
Ordne jeweils einen der folgenden Smileys zu:

b Bitte eine Person aus der Lerngruppe, die dich gut kennt, oder deine Lehrerin/deinen Lehrer, mit dir über deine Einschätzungen zu sprechen.

Über Gott und die Welt nachdenken

Manche meinen, dass nur die Wissenschaft die Welt erklären kann.

Andere meinen, dass wir Gott im Leben brauchen.

Manche glauben, dass Gott der Ursprung von allem ist.

Manche glauben, dass man nach dem Tod zu Sternenstaub wird.

Andere glauben, dass Gott den Menschen vollkommene Freiheit lässt.

Manche denken, dass Gott die Welt lenkt.

1 Man kann von Gott und der Welt sehr unterschiedliche und sogar gegensätzliche Vorstellungen haben.

- **a** Bildet Dreiergruppen und schreibt die zwölf Aussagen auf je ein Kärtchen.
- **b** Zwei Aussagen bilden jeweils ein Gegensatzpaar. Findet die sechs Paare und ordnet sie einander zu.
- **c** Welche Aussagen würde eine Christin oder ein Christ befürworten? Sortiert die Meinungen und überprüft euer Ergebnis im Vergleich mit einer anderen Dreiergruppe.

2 Wie kann es sein, dass es auf die großen Fragen des Menschen so viele und unterschiedliche Antworten gibt? Sucht gemeinsam nach einleuchtenden Erklärungen.

3 Welche Vorstellungen hast du über Gott und die Welt?

- **a** Stelle deine Ansicht in Form eines Gedankenbildes dar. Zeichne einen Kopf im Profil auf ein DIN-A4-Blatt und schreibe in die Denkblase deine Vorstellungen.

Andere denken, dass man ein neues Zuhause bei Gott findet.

Manche denken, dass Gott unser Leben begleitet und uns hilft.

Andere meinen, dass die Welt nur durch den Urknall entstanden ist.

Andere glauben, dass Gott und Wissenschaft zusammen der Welt einen Sinn geben.

Andere glauben, dass Gott keinen Einfluss auf unser Leben hat.

Manche denken, dass der Glaube an Gott nutzlos sei.

b Findet euch in kleinen Gruppen zusammen, um über eure Gedankenbilder zu sprechen.

4 Was wäre, wenn niemand an Gott glauben würde?

a Notiere deine Gedanken zu dieser Frage.

b Bildet einen Sitzkreis und setzt euch gemeinsam mit dieser Frage auseinander.

5 Arbeitet wieder zu dritt, um herauszufinden, was andere über Gott und Welt denken.

a Ordnet die sechs Gegensatzpaare noch einmal einander zu. Sucht dann das Gegensatzpaar aus, welches euch am meisten zu denken gibt.

b Formuliert zu eurem Gegensatzpaar zwei oder drei interessante Fragen. Interviewt dazu drei Personen, die nicht zur Lerngruppe gehören. Haltet ihre Antworten stichpunktartig fest.

c Besprecht nach den Interviews in der Lerngruppe, was andere über Gott und Welt denken.

Das Fragen geht weiter

Zählt allein, wie viele Freunde du hast?

Glaubst du, du hast eine bestimmte Aufgabe auf der Welt?

Wärst du ein anderer Mensch, wenn du andere Eltern hättest?

Glaubst du an Gott?

Macht man seinen Beruf nur, um Geld zu verdienen?

Kann ich mein Leben selbst bestimmen?

Gibt es ein Rezept für das Leben?

Muss man sich anstrengen, um Erfolg zu haben?

Wären die anderen genauso, wenn du nicht da wärst?

Braucht man das Abitur, um im Leben erfolgreich zu sein?

Sind die Stars im Fernsehen mehr wert als die Zuschauer?

1 Spielt in Gruppen von sechs bis acht Personen das Sensis-Spiel.

a Vorbereitung: Schreibt die Fragen, die ihr auf dieser Doppelseite seht, auf leere Karteikarten. Legt den Fragekartenstapel verdeckt in die Mitte eurer Gruppe. Bereitet für jede Mitspielerin und für jeden Mitspieler außerdem jeweils eine Ja- und eine Nein-Karte vor.

b Ablauf: Legt fest, wer beginnt und seinem Gegenüber die erste Frage aus dem Stapel stellen darf. Die befragte Person entscheidet sich, ob sie mit „Ja“ oder „Nein“ antworten will, und legt dann entweder die Ja- oder die Nein-Karte verdeckt vor sich ab. Anschließend tippen alle anderen in der Gruppe, wie die Person geantwortet hat. Sie legen entsprechend ihre

Ja- oder Nein-Karten verdeckt ab. Dann werden gleichzeitig alle abgelegten Karten aufgedeckt. Die befragte Person kann sich nun in der Gruppe erkundigen, warum sie von den anderen so eingeschätzt wurde. – Spielt in diesen Schritten reihum weiter.

2 Ergänzt das Spiel, indem ihr eigene Fragen – zum Leben, zu Gott oder zur Welt –, die mit „Ja" oder „Nein" beantwortet werden können, auf Karteikarten schreibt. Spielt damit weiter.

Nacht

Ich bin aus dumpfem Schlaf erwacht –
Um mich ist uferlose Nacht
Und über mir das Sternenmeer –
Wo komm ich hin? Wo kam ich her?

Der Dom ist wie verhängt mit Flor –
Erlosch das ew'ge Licht im Chor?
Wo bist du, Gott, im Sternenmeer?
Wo komm ich hin? Wo kam ich her?

Wo kam ich her – wo komm ich hin?
Weiß nichts von Ziel und Anbeginn –
Ich treibe hin im Sternenlicht –
Wer bin ich, wenn die Zeit zerbricht?

Sei still, bald wird die Nacht vollbracht,
Dann ist der hohe Dom erwacht,
Dann strömt sein ew'ges Licht hinaus –
Halt still mein Herz, halt stand, halt aus!

Gertrud von le Fort

1 Lasst euch das Gedicht vortragen.

2 Bildet Gruppen, um das Gedicht in der Klasse lebendig werden zu lassen. Dabei könnt ihr zwischen zwei Möglichkeiten wählen:

a Entwickelt zu jeder Strophe ein Bühnenbild. Dazu benötigt ihr DIN-A3-Blätter und Wachsmalkreiden. Beschreibt, was auf jedem der vier Bilder zu sehen sein soll. Teilt dann auf, wer welches Bühnenbild malt. Bereitet anschließend die Aufführung des Gedichts vor: Einigt euch, wer das Gedicht spricht und wer die einzelnen Bühnenbilder dazu präsentiert.

b Entwerft zum Gedicht einen Bewegungsablauf. Dazu braucht ihr nur euren Körper. Einigt euch für jede Strophe auf dazu passende Bewegungen. Legt fest, wer das Gedicht spricht, während sich die anderen dazu bewegen. Übt dann eure Vorführung ein.

3 Führt das Gedicht der Reihe nach auf. Dazu könnt ihr das Klassenzimmer so umgestalten, dass eine Bühne und ein Zuschauerraum entstehen. Wie bei einem richtigen Theaterbesuch könnt ihr nach gelungener Aufführung über das Gesehene nachdenken und sprechen.

2 Zwischen Scheitern und Gelingen

Exemplarische Erfahrungen im Alten Testament

Das Alte Testament als Film

Eines ist sicher: Würde man das gesamte ↗Alte Testament verfilmen wollen, so würde es entweder ein sehr langer Film oder eine ganze Serie werden. Die Bibel umfasst sehr viele Einzelgeschichten aus verschiedenen Zeiten und wurde von unterschiedlichen Menschen geschrieben. Meist wurden nur einzelne Teile der Bibel verfilmt, zum Beispiel die Geschichte von Noach und der Arche oder die Flucht des Volkes Israel aus der Knechtschaft in Ägypten.
Einige Geschichten des Alten Testaments kennst du sicherlich schon aus dem Religionsunterricht. Allerdings ist es nicht ganz leicht, die einzelnen Teile in Zusammenhang zum ganzen „Bibelfilm" und in die richtige Reihenfolge zu bringen.
In den Hinwegen werdet ihr euch zunächst mit einem Gesamtdrehbuch zum Alten Testament beschäftigen, um einen Überblick über die Geschichte des Volkes Israel zu erhalten und die einzelnen Erzählungen besser einordnen zu können.
In den Durchgängen „zoomen" wir dann in ausgewählte Szenen hinein und betrachten diese genauer. Ihr werdet sehen, dass das Alte Testament viele spannende Geschichten von Menschen aus verschiedenen Zeiten enthält. Ihr werdet Erzählungen kennenlernen, die von den großen Figuren des Alten Testaments handeln. Wie im heutigen Leben war damals nicht immer alles perfekt und harmonisch. Die Bibel erzählt von Menschen, die scheitern, aber auch von solchen, deren Leben gelingt. Und es ist immer wieder interessant, über diese Erzählungen nachzudenken.
Natürlich gibt es heutzutage ebenfalls viele Geschichten, die sich lohnen würden, verfilmt zu werden. Deshalb werdet ihr in den Ausblicken aktuelle „Drehbücher" lesen und sogar selbst entwerfen.

1 Auf der Filmrolle siehst du verschiedene Szenen aus dem ↗Alten Testament, die du bereits aus dem Religionsunterricht kennst.
  a Arbeitet zu zweit und klärt zu jeder Szene folgende Fragen: Welche Personen sind beteiligt? – Was geschieht in der Szene? – Was passierte vorher? – Wie geht die Geschichte weiter?
  b Sammelt eure Antworten in der Lerngruppe.

2 Gestaltet eure Filmrolle zum Alten Testament.
  a Welche anderen Erzählungen aus dem Alten Testament kennt ihr? Sammelt griffige Titel an der Tafel.
  b Verteilt die Titel in eurer Lerngruppe.
  c Gestalte nun ein Bild zu deiner Erzählung für die Filmrolle. Leg dir Buntstifte und ein DIN-A4-Blatt zurecht. Schließe dann die Augen und überlege, was auf deinem Bild zu sehen sein soll. Jetzt hast du zehn Minuten Zeit, um es herzustellen.

d Präsentiere dein Bild in der Lerngruppe und befestige es an der Tafel.

e Platziert die Bilder in der richtigen Reihenfolge. Wenn ihr euch nicht sicher seid, lasst euch von eurer Lehrerin oder eurem Lehrer helfen.

Der Bibelfilm – ein Überblick

Das ↗Alte Testament erzählt eine große Geschichte, die Geschichte des Volkes Israels mit JHWH. Diese große Geschichte birgt zahllose Erzählungen. Wollte man das Alte Testament verfilmen, müsste zweierlei gelingen: Einerseits soll der Film wichtige Einzelgeschichten enthalten, andererseits muss er aber auch das große Ganze widerspiegeln. Bevor es ans Werk geht, muss der Regisseur oder die Regisseurin die „Gesamthandlung" des Alten Testaments kennenlernen.

1. Das Alte Testament beginnt mit der Urgeschichte. Sie blickt unendlich weit zurück und erzählt von der ↗Schöpfung der Welt und dem Geschick einprägsamer Figuren. Die Geschichte von Adam und Eva oder auch die Sintfluterzählung (mit der Arche Noach) gehören zu dieser biblischen Urgeschichte.

2. Für das Volk Israel wird es in den Erzählungen der Erzeltern interessant. Die Erzväter und Erzmütter gelten als erste Vorfahren des späteren Volkes Israel. Am Beginn steht Abraham als Stammvater. Auf JHWHs Aufforderung hin verlässt er mit seiner Frau Sara seine Heimat Ur, um nach Kanaan zu ziehen und dort ein neues Leben anzufangen. Auf Abraham folgen sein Sohn Isaak und dessen Sohn Jakob, der zugleich Israel heißt. Die zwölf Söhne Jakobs begründen die zwölf Stämme des späteren Volkes Israel.

3. Die Bibel erzählt, dass Jakobs Söhne wegen einer großen Hungersnot von Kanaan nach Ägypten auswandern. In Ägypten erwächst aus ihrer Sippe über Jahrhunderte ein ganzes Volk, das dort geknechtet und unterdrückt wird. Unter der Führung des Mose gelingt den Israeliten der Auszug (↗Exodus) aus Ägypten. Sie fliehen und überstehen eine 40-jährige Wüstenwanderung, um endlich nach Kanaan, in das gelobte Land, zurückzukehren. Auf diesem langen Weg schließt JHWH am Berg Sinai einen Bund mit dem Volk Israel, der in der Übergabe der Zehn Weisungen an Mose gipfelt.

4. Nach der Wüstenwanderung siedelt sich das Volk Israel in Kanaan an. Es kommt zu Kämpfen mit den Einheimischen. Schließlich bekommt jeder der zwölf Stämme Israels ein eigenes Siedlungsgebiet zugewiesen. Für Gerechtigkeit und Ordnung sorgen zunächst Richterinnen und Richter, die in einzelnen Städten oder Stammesgebieten das Sagen haben.

5. Erst nach langem Ringen entschließt sich das Volk Israel, Könige einzusetzen. Auf die Richterzeit folgt die Königszeit. Zum ersten König wird

---

1 Um die wechselhafte Geschichte des biblischen Israel zu verfilmen, braucht es einen Überblick.

- **a** Zeichne untereinander sieben Rechtecke in dein Heft und verbinde sie so durch Pfeile.

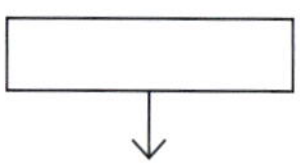

- **b** Lies den Text zur Geschichte Israels und schreibe für jedes der sieben „Filmkapitel" eine möglichst spannende Überschrift ins passende Rechteck.
- **c** Einigt euch zu dritt auf die sieben besten Überschriften und stellt sie in der Lerngruppe vor.

2 Ein Bibelfilm braucht Schauplätze, Rollen und eine Handlung. Bildet für jedes dieser Stichworte mindestens eine Gruppe.

- **a** Die Gruppen bearbeiten unterschiedliche Suchaufträge. *Schauplätze:* Betrachtet miteinander die Karte zum Vorderen Orient und sammelt alle Örtlichkeiten (Städte, Gebiete, Gewässer ...), die im Film vorkommen können. – *Rollen:* Ermittelt im Text zehn Figuren oder Personengruppen, die im Film vorkommen sollen. – *Handlung:* Lest den Text und einigt euch auf sechs Ereignisse aus der Geschichte Israels, die der Film unbedingt zeigen sollte.

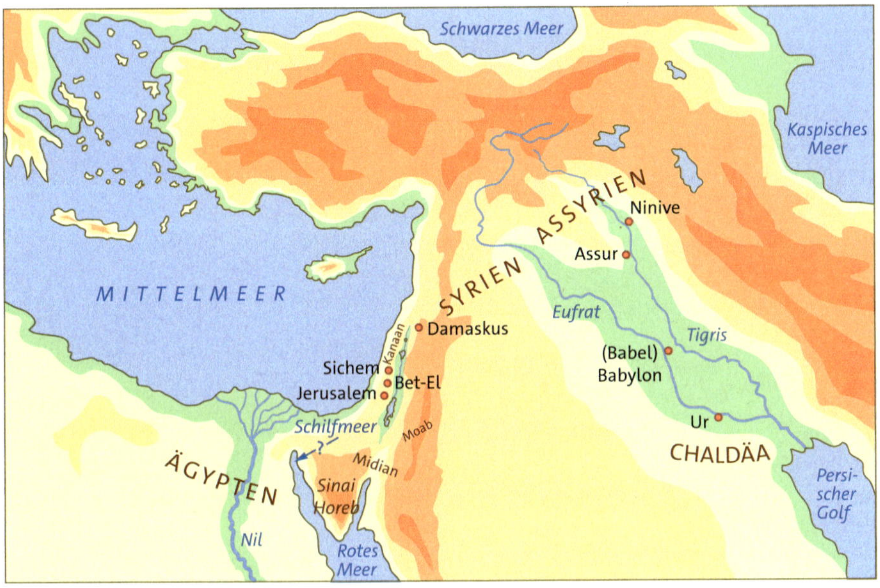

1 *Karte des Vorderen Orients*

Saul gesalbt; er soll die einzelnen Stämme Israels im Kampf gegen die Nachbarvölker vereinen. Während Sauls Königtum kommt es zum rasanten Aufstieg des Hirtenjungen David aus Betlehem, der den gefürchteten Philisterkrieger Goliat in einem ungleichen Kampf besiegt und nach dem Tod Sauls dessen Nachfolge antritt. David wird der wohl beliebteste König des Volkes Israel. Nahezu ebenso berühmt wird sein Nachfolger Salomo, der vor allem wegen des Baus des ersten ↗Tempels in Erinnerung bleibt.

6. Nach Salomos Tod kommt es unter seinen Söhnen zu Erbstreitigkeiten, die zur Teilung des Reiches in das nördliche Israel und das südliche Juda führen (926 v. Chr.). Das Nordreich verschwindet nach der Eroberung durch die Assyrer (722 v. Chr.). Das Südreich schafft es zunächst, selbstständig zu bleiben. Immer wieder treten den Regierenden im Norden wie im Süden mutige ↗Propheten und Prophetinnen entgegen. Im Namen von JHWH fordern sie eindringlich, dem einen Gott treu zu bleiben und Gerechtigkeit walten zu lassen gegenüber allen Menschen, besonders gegenüber Witwen, Waisen, Armen und Fremden.

7. Schließlich erlebt auch das Südreich eine Katastrophe. Die Babylonier erobern und zerstören Juda (586 v. Chr.). Viele Bürgerinnen und Bürger Jerusalems werden für Jahrzehnte ins ferne Babylon entführt. Dieses Exil endet erst mit dem Sieg des Perserkönigs Kyros über die Babylonier. Endlich können die Verschleppten ins gelobte Land (Kanaan) zurückkehren, von dem sie glauben, dass JHWH es ihrem Stammvater Abraham versprochen hat. Juda steht ab jetzt unter fremder Herrschaft. Doch die Juden lassen sich nicht unterkriegen: Nachdem sie das ↗Babylonische Exil überstanden haben, halten sie am Glauben an JHWH fest.

b Jede Gruppe schreibt ihre Ergebnisse in der richtigen Reihenfolge auf ein Plakat. Wenn es sinnvoll ist, dürfen Informationen auch mehrmals genannt werden.

c Präsentiert eure Plakate in der Lerngruppe.

3 Stellt euch zu zweit abwechselnd folgende Fragen und verbessert euch gegebenenfalls: Was sind die „Erzeltern" – und sollten sie im Film vorkommen? • Weshalb ist die Zahl 12 für den Film wichtig? • An welcher Stelle des Films ist die Zahl 40 bedeutsam? • Was ist das Besondere von ↗„Propheten" – und sind sie für den Film wichtig?

Der Bibelfilm – das DVD-Menü

1 Ein Regisseur hat die große Erzählung des ↗Alten Testaments in einem DVD-Menü geordnet.

a Übertrage die Spalten „Kapitelauswahl" und „Teilkapitel" aus dem DVD-Menü in dein Heft.

b Vergleiche die Kapiteltitel aus dem DVD-Menü mit deinen eigenen Überschriften von Aufgabe 1b der Seite 36. Unterstreiche Gemeinsamkeiten mit grüner Farbe im Heft.

c Manche Teilkapitel im DVD-Menü kennst du bereits, andere sind dir vielleicht fremd. Unterstreiche jene Teilkapitel, von denen du schon einiges weißt, mit gelber Farbe im Heft.

d Die Bilder im DVD-Menü sind leider durcheinandergeraten. Findet zu zweit die passende Zuordnung.

2 Kennst du dich im Alten Testament aus?

a Decke die Spalte „Kapitelauswahl" ab. Springe rechts mit einem Finger zwischen unterschiedlichen Teilkapiteln hin und her und versuche für das Teilkapitel, auf dem dein Finger jeweils landet, auswendig das zutreffende Kapitel zu nennen. Übe so lang, bis du dir sicher bist, dich abfragen lassen zu können.

TEILKAPITEL

01 Die Schöpfung der Welt
02 Die ersten Menschen (beispielsweise Adam und Eva, Kain und Abel, Noachs Arche)

01 Abraham und seine Frau Sara
02 Abrahams Sohn Isaak und seine Frau Rebekka
03 Isaaks Sohn Jakob und seine Frau Rahel
04 Die zwölf Söhne Jakobs – die Josefsgeschichte

01 Jakobs Nachkommen in Ägypten
02 Die Knechtschaft des Volkes Israel
03 Mose und der Auszug aus Ägypten
04 Mose und die Wüstenwanderung

01 Der Einzug ins gelobte Land
02 Richterinnen und Richter
03 Die Moabiterin Rut
04 Samuel – ein Richter und Prophet

01 Saul – der erste König
02 David – der größte König
03 Salomo – der weise König

01 Nordreich Israel und Südreich Juda
02 Das Ende des Nordreiches

01 Die Eroberung Judas und das Babylonische Exil
02 Rückkehr ins gelobte Land unter den Persern

b Arbeitet zu zweit und wechselt euch dabei ab: Lest euch die Teilkapitel vor und nennt dann auswendig jeweils das übergeordnete Kapitel.

3 Um die biblische Geschichte Israels übersichtlich darzustellen, blieben im DVD-Menü wichtige Personen ausgespart.

a Findet in Dreiergruppen heraus, zu welchem der sieben Kapitel des Bibelfilms folgende zwei Personen gehören. Als Hilfe könnt ihr die angegebenen Bibelstellen nachschlagen: Elija, der Gott im Säuseln des Windes erlebte (1 Kön 19,9–14) – Mirjam, die die Pauke schlug (Ex 15,20 f.).

b Sammelt und kontrolliert eure Lösungsvorschläge in der Lerngruppe.

4 Nun kommt der Abschlusstest.

a Schreibe folgende Namen auf jeweils ein eigenes Kärtchen: Abraham, Salomo, Mose, David, Isaak, Sara, Jakob, Josef.

b Klappe Buch und Heft zu und ordne die Namen in der Reihenfolge, wie sie in der Geschichte Israels vorkommen.

c Überprüft und korrigiert eure Ergebnisse in der Lerngruppe oder mithilfe des Buches.

Erzählstrukturen erkunden

Die erste Regie-Aufgabe hast du erfüllt: Du kennst die Geschichte des Volkes Israel und hast den Bibelfilm in große Kapitel gegliedert. Nun geht es um die einzelnen Erzählungen, die der Film vorstellen soll. Wie aber lassen sich Erzählungen entschlüsseln? Ein schnelles Durchlesen reicht nicht aus. Um der Handlung einer Erzählung auf die Spur zu kommen, musst du sie gezielt erkunden.

Schritt 1: An welchen *Orten* spielt die Erzählung?

Erzählungen finden an einem oder mehreren Schauplätzen statt. Oft werden Länder, Berge, Dörfer, Wüsten, Meere, Flüsse oder Seen genannt. Vielfach lassen sich noch konkretere Ortsangaben finden, etwa „auf einem Feld“ oder „in einem Haus“. Bei der Festlegung der Drehorte muss man ganz genau hinsehen, um Hinweise zu finden. Sogar Angaben wie „rechts“, „links“, „oben“, „unten“, „vorn“, „hinten“, „nah“ und „fern“ können entscheidend sein. Natürlich ist auch die Reihenfolge, in der diese Ortangaben vorkommen, von Bedeutung.

Schritt 2: Welche *Handelnden* kommen vor?

Handelnde Figuren, auch „Akteure“ genannt, sind entscheidend für eine Erzählung. In der Bibel handeln meist Menschen oder Gott. Manchmal ist aber auch von Engeln oder dämonischen Mächten die Rede. Akteure müssen nicht immer Lebewesen sein. Würden in einer Erzählung eine Wolke und der Wind sprechen, dann wären auch sie Akteure und müssten im Film vorkommen. Handeln können nicht nur einzelne Personen, sondern auch Gruppen, etwa das Volk im Streit mit Mose.

Schritt 3: In welchen *Beziehungen* stehen die Handelnden zueinander?

Akteure stehen in verschiedenen Beziehungen zueinander. Oft enthalten die Erzählungen Hinweise auf Freund- oder Feindschaften, Zusammenarbeit oder Konkurrenz, Hilfe oder Abweisung, Sympathie oder Abneigung, Herrschaft oder Knechtschaft. Nicht immer lässt sich das Verhältnis zwischen den Akteuren sofort erkennen; dann muss man genauer hinsehen. Die Beziehungen können sich im Lauf einer Erzählung verändern, so wie du sicherlich auch schon einmal deine Meinung über jemanden geändert hast.

1 Gestalte eine Seite in deinem Heft.
   a Schreibe zuerst die Überschrift „Den Dreh einer Bibelszene vorbereiten“ in dein Heft.
   b Unterteile dann die Heftseite mit Lineal und Bleistift in vier gleich große Kästen.

Schritt 4: Welche Angaben zur *Zeit* enthält die Erzählung?

Zeitlich lassen sich viele Erzählungen recht einfach gliedern, weil sie konkrete Zeitangaben enthalten, wie etwa „dann“, „nach einigen Stunden“ oder „als die Sonne untergegangen war“. Jeder noch so kleine Hinweis auf die Zeit kann für die Regie wichtig sein. Manchmal wird in einem einzigen Satz ein riesiger Zeitraum von mehreren Jahren überbrückt. Andererseits kann es viele Zeilen lang nur um einen winzigen Augenblick gehen.

23 In derselben Nacht stand er [= Jakob] auf, nahm seine beiden Frauen, seine beiden Mägde
sowie seine elf Kinder und durchschritt die Furt des Jabbok. 24 Er nahm sie und ließ sie den
Fluss überqueren. Dann schaffte er alles hinüber, was ihm sonst noch gehörte. 25 Als er allein
zurückgeblieben war, rang mit ihm ein Mann, bis die Morgenröte aufstieg. 26 Als der Mann sah,
dass er ihn nicht besiegen konnte, berührte er sein Hüftgelenk. Jakobs Hüftgelenk renkte sich
aus, als er mit ihm rang. 27 Er sagte: Lass mich los; denn die Morgenröte ist aufgestiegen. Er
entgegnete: Ich lasse dich nicht los, wenn du mich nicht segnest. 28 Er fragte ihn: Wie ist dein
Name? Jakob, antwortete er. 29 Er sagte: Nicht mehr Jakob wird man dich nennen, sondern Israel – Gottesstreiter –; denn mit Gott und Menschen hast du gestritten und gesiegt. 30 Nun
fragte Jakob: Nenne mir doch deinen Namen! Er entgegnete: Was fragst du mich nach meinem
Namen? Dann segnete er ihn dort. 31 Jakob gab dem Ort den Namen Peniël – Gottes Angesicht
– und sagte: Ich habe Gott von Angesicht zu Angesicht gesehen und bin doch mit dem Leben
davongekommen. 32 Die Sonne schien bereits auf ihn, als er durch Penuël zog; er hinkte an seiner Hüfte.

(Gen 32,23–32)

c Schreibe die vier Fragen, die du auf dieser Doppelseite in Grün geschrieben findest, als Titel über die Kästen. Wähle die Reihenfolge der Fragen so, wie es dir am liebsten ist.

2 An einer geheimnisvollen Stelle aus dem Buch Genesis kannst du jetzt ausprobieren, wie man Erzählungen erkundet.

a Lies Gen 32,23–32 nun für dich durch und notiere nach jedem Vers Stichpunkte in den passenden Kasten in deinem Heft.

b Vergleicht zu zweit eure Beobachtungen.

c Besprecht eure Ergebnisse in der Lerngruppe und ergänzt gegebenenfalls eure Hefteinträge um weitere Aspekte.

3 Gen 32,23–32 erzählt eine sonderbare Gottesbegegnung.

a Erzählt euch die Geschichte mit eigenen Worten. Lasst dabei mindestens drei Personen aus eurer Lerngruppe zu Wort kommen.

b Was verwundert oder befremdet euch an Jakobs Begegnung mit Gott? Tauscht eure Gedanken aus.

c Diskutiert, ob ihr der Regisseurin oder dem Regisseur eines Bibelfilms den Dreh von Gen 32,23–32 empfehlen würdet. Begründet eure Standpunkte.

Brudermord und Schutz

2 *Karl Rössing: Brudermord (1948)*

Urgeschichte → Kain und Abel

Was bisher geschah: Nach der Erschaffung der Welt und der Menschen erzählt die Bibel von Adam und Eva sowie von ihrer Verbannung aus dem Paradies. Es geht spannend weiter: Eva bekommt zwei Söhne, zuerst Kain und später Abel. Schon bald entsteht ein folgenschwerer Konflikt.

1 Der Holzstich zeigt eine packende „Filmszene".
 a Beschreibt gemeinsam von außen nach innen, was ihr auf dem Bild seht. Sucht geeignete Worte für die Körperhaltung der beiden Figuren.
 b Der Titel „Brudermord" könnte auf die biblische Geschichte von Kain und Abel deuten. Lest im Kasten, was bisher geschah. Tragt dann aus eurer Erinnerung zusammen, was die Bibel von beiden Brüdern erzählt.
 c Was könnte das für eine Hand sein, auf der sich die beiden Figuren befinden? Sammelt eure Ideen.

1 Der Mensch erkannte Eva, seine Frau; sie wurde schwanger und gebar Kain. Da sagte sie: Ich habe einen Mann vom HERRN erworben. 2 Sie gebar ein zweites Mal, nämlich Abel, seinen Bruder. Abel wurde Schafhirt und Kain Ackerbauer. 3 Nach einiger Zeit brachte Kain dem HERRN eine Gabe von den Früchten des Erdbodens dar; 4 auch Abel brachte eine dar von den Erstlingen seiner Herde und von ihrem Fett. Der HERR schaute auf Abel und seine Gabe, 5 aber auf Kain und seine Gabe schaute er nicht. Da überlief es Kain ganz heiß und sein Blick senkte sich. 6 Der HERR sprach zu Kain: Warum überläuft es dich heiß und warum senkt sich dein Blick? 7 Ist es nicht so: Wenn du gut handelst, darfst du aufblicken; wenn du nicht gut handelst, lauert an der Tür die Sünde. Sie hat Verlangen nach dir, doch du sollst über sie herrschen. 8 Darauf redete Kain mit Abel, seinem Bruder. Als sie auf dem Feld waren, erhob sich Kain gegen Abel, seinen Bruder, und tötete ihn. 9 Da sprach der HERR zu Kain: Wo ist Abel, dein Bruder? Er entgegnete: Ich weiß es nicht. Bin ich der Hüter meines Bruders? 10 Der HERR sprach: Was hast du getan? Das Blut deines Bruders erhebt seine Stimme und schreit zu mir vom Erdboden. 11 So bist du jetzt verflucht, verbannt vom Erdboden, der seinen Mund aufgesperrt hat, um aus deiner Hand das Blut deines Bruders aufzunehmen. 12 Wenn du den Erdboden bearbeitest, wird er dir keinen Ertrag mehr bringen. Rastlos und ruhelos wirst du auf der Erde sein. 13 Kain antwortete dem HERRN: Zu groß ist meine Schuld, als dass ich sie tragen könnte. 14 Siehe, du hast mich heute vom Erdboden vertrieben und ich muss mich vor deinem Angesicht verbergen; rastlos und ruhelos werde ich auf der Erde sein und jeder, der mich findet, wird mich töten. 15a Der HERR aber sprach zu ihm: Darum soll jeder, der Kain tötet, siebenfacher Rache verfallen. 15b Darauf machte der HERR dem Kain ein Zeichen, damit ihn keiner erschlage, der ihn finde. 16 So zog Kain fort, weg vom HERRN, und ließ sich im Land Nod nieder, östlich von Eden. (Gen 4,1–16)

2 In Gen 4,1–16 erzählt die Bibel, was sich zwischen Kain und Abel ereignet hat.

- **a** Lest die Erzählung vor und wechselt dabei von Vers zu Vers den Sprecher.
- **b** Im Text kommen nicht nur Kain und Abel vor. Schreibt alle Handelnden, die ihr findet, an die Tafel.
- **c** Notiere auf einem Zettel für dich selbst eine eigene Frage zu dieser Geschichte.

3 Ein Film setzt sich aus verschiedenen Szenen zusammen. In jeder Szene treten Akteure an einem bestimmten Ort auf.

- **a** Bildet Gruppen und lest euch die Erzählung noch einmal gegenseitig vor.
- **b** Nun gilt es, ein Drehbuch zu entwerfen. Überlegt, in welche sechs Szenen ihr Gen 4,1–16 gliedern wollt. Veranschaulicht euer Drehbuch durch ein Plakat, auf dem sechs Kästen nebeneinander gezeichnet sind. Jeder Kasten steht für eine neue Szene. Schreibt jeweils hinein, um welchen Vers oder welche Verse es geht, welche Akteure auftreten und was hauptsächlich geschieht.
- **c** Präsentiert und besprecht eure Plakate in der Lerngruppe.

4 In Gen 4,9–15a entwickelt sich ein Gespräch zwischen Gott und Kain.

- **a** Im Text gibt es drei Rollen (der Herr, Kain, Erzähler). Verteilt sie und lasst euch Gen 4,9–15a vorlesen.
- **b** Gott versieht Kain mit einem Zeichen, um ihn zu schützen (Vers 15b). Diskutiert, ob ihr diese Reaktion Gottes für gerecht haltet. Begründet eure Meinungen.

5 Nach erstem Hören der Erzählung habt ihr eigene Fragen notiert. Manche davon haben sich vielleicht inzwischen erledigt, andere sind aber noch aktuell. Wer will, kann jetzt seine Frage ins Gespräch bringen.

Betrug und Segen

Erzeltern → Jakob und Esau

Was bisher geschah: Die Nachfolge Abrahams tritt sein Sohn Isaak an. Die Bibel erzählt, dass Isaaks Frau Rebekka Zwillinge zur Welt bringt: Jakob und Esau. Esau kommt zuerst auf die Welt, weshalb er das Erstgeburtsrecht hat. Zur damaligen Zeit ist es üblich, dass der erstgeborene Sohn später einmal die Nachfolge und das Erbe seines Vaters antritt. Als Zwillingsbruder ist Jakob aber nur einige Sekunden jünger als sein Bruder. Dennoch steht ihm nach damaligem Recht nichts zu. Der Ärger scheint vorprogrammiert …

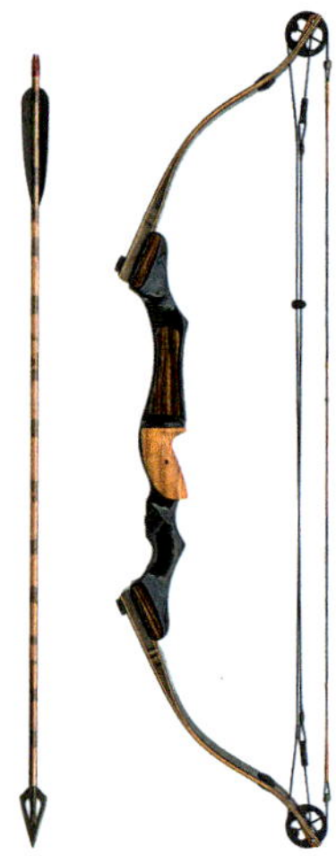

[1.] Esau hatte großes Vergnügen am Jagen auf dem freien Feld; Jakob blieb lieber im Zelt bei seiner Mutter und kochte gern mit ihr.

[2.] Eines Tages kam Esau heim und rief: „Gib mir etwas zu essen von dem Roten, von dem Roten da! Ich bin ganz erschöpft." Jakob antwortete: „Dann verkauf mir dein Erstgeburtsrecht, und zwar sofort!" Da sagte Esau: „Schau, ich sterbe vor Hunger, was schert mich da das Erstgeburtsrecht?" Jakob antwortete: „Schwör mir! Auf der Stelle!"

[3.] Da schwor Esau ihm und verkaufte das Erstgeburtsrecht an Jakob, seinen Bruder. Darauf gab Jakob ihm von dem roten Linsengemüse, auch Brot. Esau aß und trank, stand auf und ging seines Weges. Das Erstgeburtsrecht kümmerte ihn nicht.

[4.] Später tat es Esau leid; er begann seinen Bruder Jakob zu hassen und bedrohte ihn, so dass Jakob vor ihm fliehen musste. Er lief weg nach Haran, zu den Verwandten seiner Mutter.

1 An den Seitenrändern siehst du verschiedene Requisiten, die für den Dreh einer biblischen Geschichte benötigt werden.
- **a** Lies den Text „Was bisher geschah". Denke dir dann eine Fortführung der Geschichte aus, in der vier der abgebildeten Gegenstände vorkommen.
- **b** Stellt euch eure Geschichten in kleinen Gruppen gegenseitig vor. Achtet beim Zuhören darauf, welche Gegenstände eingebunden wurden.

2 Stellt euch vor, ihr würdet die Geschichte von Esau und Jakob verfilmen: Wo käme welche Requisite zum Einsatz?
- **a** Lest die Nacherzählung zu Esau und Jakob laut vor. Wechselt euch beim Vorlesen ab.
- **b** Einigt euch, welche Requisiten für die einzelnen Filmabschnitte benötigt werden.

[5.] Unterwegs kam Jakob an eine Stelle, an der er übernachten wollte, denn die Sonne war untergegangen. Er nahm einen Stein, legte ihn unter seinen Kopf und schlief ein. Da hatte er einen Traum. Er sah eine Treppe, die auf der Erde begann und bis in den Himmel reichte. Auf der Treppe stiegen Engel Gottes auf und nieder; oben aber stand Gott, der Herr, und sprach: „Ich bin der Herr, der Gott deines Vaters Abraham, der Gott Isaaks. Das Land, auf dem du liegst, will ich dir und deinen Nachkommen geben. Deine Nachkommen werden zahlreich sein wie der Staub auf der Erde. Du wirst dich immer mehr ausbreiten, nach Westen und Osten, nach Norden und Süden. Durch dich und deine Nachkommen werden alle Völker der Erde gesegnet sein. Ich bin mit dir, ich behüte dich, wohin du auch gehst!"

[6.] Jakob erwachte und sprach: „Wahrlich, der Herr ist an diesem Ort und ich wusste es nicht! Heilig ist dieser Ort! Hier ist nichts anderes als das Haus Gottes, das Tor zum Himmel!" Er stand auf, früh am Morgen, nahm den Stein, den er unter seinen Kopf gelegt hatte, und richtete ihn als Denkmal auf. Er goss Salböl über den Stein und nannte den Ort Bet-El, das heißt Gotteshaus.

[7.] Nach vierzehn Jahren kehrte Jakob aus dem Osten zurück, um sich mit seinem Bruder Esau zu versöhnen. Auf dem Heimweg begegnete ihm Gott, der Herr, ein zweites Mal, am Ufer eines kleinen Flusses. Er segnete Jakob und sprach: „Von nun an sollst du Israel heißen!" Er blieb im Lande Kanaan wohnen, das Gott ihm und seinen Nachkommen gegeben hatte. *Gen 25–33, nacherzählt von Josef Quadflieg*

3 Das Filmteam sucht nach einem griffigen Titel. Beratschlagt, welche der folgenden Vorschläge eurer Ansicht nach am besten zu dieser Geschichte passen: „Zwei ungleiche Brüder" – „Ein Schlitzohr wird Stammvater" – „Gottes Segen für einen Betrüger" – „Erbstreit mit Linsengemüse" – „Bruderzoff in Kanaan".

4 Aus den Hauptfiguren der Erzählung lassen sich drei Paare bilden: Jakob und Esau, Jakob und Gott, Gott und Esau. In welcher Beziehung steht jedes Figurenpaar zueinander? Veranschaulicht diese Beziehungen in Standbildern.

a Bildet drei Gruppen und teilt in einem geheimen Losverfahren jeder Gruppe ein Figurenpaar zu. Ihr könnt auch sechs Gruppen bilden und jedes Figurenpaar zwei Mal verlosen.

b Lest noch einmal die Geschichte. Besprecht dann, in welcher Beziehung eure Figuren zueinander stehen und wie ihr das in einem Standbild ausdrücken wollt. Baut nun das Standbild.

c Präsentiert eure Standbilder. Das Publikum berät sich im Anschluss, welches Figurenpaar zu sehen war.

5 Ist Gott in dieser Geschichte treu und barmherzig? Diskutiert eure Meinungen.

Heimat und Fremde

Ansiedlung in Israel →
Die Moabiterin Rut

Was bisher geschah: Richterinnen und Richter sorgen in Israel für Gerechtigkeit und Ordnung. Als eine Hungersnot herrscht, wandert die Israelitin Noomi mit ihrem Mann und zwei Söhnen von Betlehem ins Nachbarland Moab aus. Noomis Mann stirbt, ihre Söhne heiraten moabitische Frauen. Als auch Noomis Söhne sterben, stehen fern der Heimat schwere Entscheidungen an …

In Moab, einem Nachbarland von Israel, lebte eine Frau mit Namen Noomi; sie war Witwe. Auch ihre Schwiegertochter, mit der sie zusammenwohnte, hatte keinen Mann mehr; die Schwiegertochter hieß Rut. Noomi stammte aus dem Volk Israel und verehrte Gott, den Herrn. Rut aber stammte aus dem heidnischen Volk der Moabiter und kannte den Gott Israels nicht. Eines Tages machte sich Noomi auf den Weg, um heimzukehren zum Land der Israeliten, aus dem sie einst gekommen war. Sie küsste ihre Schwiegertochter Rut zum Abschied und sagte: „Bleib du hier in Moab, bei deinem Volk und bei den Göttern deines Volkes!" Rut aber antwortete: „Dränge mich nicht, dich zu verlassen! Wohin du gehst, da will auch ich hingehen. Wo du bleibst, da will auch ich bleiben. Dein Volk soll mein Volk sein, dein Gott soll mein

1 Im Uhrzeigersinn zeigt die Bilderreihe vier Filmszenen aus dem biblischen Buch Rut.
- **a** Betrachtet die einzelnen Bilder und beschreibt jeweils, was ihr seht.
- **b** Wo beginnt und wo endet dieser Film? Probiert verschiedene Möglichkeiten aus und erfindet dazu passende Geschichten.

2 Das Buch Rut erzählt von zwei Frauen.
- **a** Lest den Text „Was bisher geschah" und die Nacherzählung mit verteilten Rollen vor. Benötigt werden: eine Erzählerin oder ein Erzähler, die Figuren Noomi, Rut und Boas sowie mehrere Mädchen, die einen Satz im letzten Abschnitt sprechen.
- **b** Bestimmt nun in der Bilderreihe den Start- und Endpunkt der Geschichte von Noomi und Rut.

3 Was erleben Noomi und Rut in Betlehem und Moab? Schaut noch einmal genau hin.
- **a** Bildet Dreiergruppen und entscheidet, in welche Figur ihr schlüpfen wollt: in Noomi oder Rut?

Gott sein.“ Da gab Noomi nach und sie gingen gemeinsam bis nach Betlehem.

In Betlehem wohnte ein reicher Bauer, dem viele Felder gehörten. Er hieß Boas. Eines Tages ging Rut aus, um Ähren zu sammeln, die auf den Feldern liegen geblieben waren. Da kam Boas hinzu und sagte: „Höre, meine Tochter! Geh auf kein anderes Feld, um Ähren zu sammeln, und wenn du Durst hast, komm und trink aus den Krügen meiner Knechte!“ Da verneigte sich Rut vor Boas und sagte: „Wie habe ich deine Gunst verdient, da ich doch eine Fremde bin?“ Boas antwortete: „Man hat mir berichtet, wie gut du zu deiner Schwiegermutter bist und wie du für sie sorgst; wie du sie begleitet hast und hierher gekommen bist zu einem Volk, das dir unbekannt war! Der Herr, der Gott Israels, zu dem du gekommen bist, um dich unter seinen Flügeln zu bergen, möge dir vergelten, was du Gutes getan hast, und dich reich belohnen.“ Und Boas ließ sie bei sich und seinen Knechten und Mägden essen und trinken und gab ihr so viel Gerste als Geschenk mit nach Hause, wie sie tragen konnte. […]

Einige Zeit danach nahm er Rut zu sich und sie heirateten. Von nun an gehörte Rut, die Moabiterin, zum Volke Israel. Der Herr segnete sie; sie wurde schwanger und gebar einen Sohn. Da eilten die Nachbarinnen herbei und gaben ihm den Namen Obed. Sie sprachen: „Gepriesen sei der Herr“ – und sie gratulierten Noomi zu ihrem Enkelkind. Noomi aber nahm das Kind auf ihren Arm und drückte es voller Freude an die Brust. Von Obed stammt Isai ab, von Isai aber David, der König von Israel.

Das Buch Rut, nacherzählt von Josef Quadflieg

b Lest die Geschichte in eurer Gruppe erneut. Achtet dabei auf die Schauplätze und die Ereignisfolge.

c Entwerft gemeinsam eine Ich-Erzählung zu eurer Figur, die folgendermaßen beginnt: „Ich heiße Noomi/Rut. Hört zu, was ich erlebt habe.“ Schreibt die Erzählung in eure Hefte.

d Entscheidet, wer aus der Gruppe eure Erzählung vorlesen wird.

e Tragt in der Lerngruppe zuerst die Ich-Erzählungen von Noomi und dann diejenigen von Rut vor.

4 Der Regisseur fragt sich, was diese Geschichte mit Gott zu tun hat.

a Sucht im Text, wie und wann von Gott die Rede ist. Sammelt eure Beobachtungen an der Tafel.

b Besprecht, wie sich das Verhältnis zwischen Rut und dem Gott Israels im Laufe der Geschichte verändert.

c Soll die Ausländerin Rut, die den Gott Israels nicht kannte, im Bibelfilm mitspielen? Begründet eure Meinungen.

Ein verhängnisvoller Fehler

Königszeit → König David

Was bisher geschah: Das Volk Israel hat entschieden, auch in seinem Land einen König einzusetzen. Zu Lebzeiten des ersten Königs Saul gelingt einem Hirtenjungen namens David die Sensation, den übermächtigen Goliat aus dem verfeindeten Volk der Philister zu besiegen. Nach Sauls Tod wird dieser David zum König von Israel. Unter Davids Führung wird Jerusalem erobert und zur Hauptstadt des Landes gemacht. Von Gott selbst bekommt Natan den Auftrag, König David mitzuteilen: „Dein Haus und dein Königtum werden vor dir auf ewig bestehen bleiben; dein Thron wird auf ewig Bestand haben." (2 Sam 7,16) Wenige Wochen danach bekommt Natan folgenden Brief.

Sehr geehrter Prophet Natan,

in höchster Geheimhaltung schreibe ich dir. Ich weiß um die Gefahr, die mein Brief mit sich bringt, und fasse mich deshalb kurz. Ich bin eine der Dienerinnen König Davids und wurde Zeugin von großem Unrecht. Ich hoffe, ich kann dir vertrauen! Hier ist meine Geschichte:
David begehrte die Frau eines seiner Krieger. Sie heißt Batseba. Er ließ sie zu sich bringen und schlief mit ihr, als ihr Mann Urija gerade mit dem Heer gegen die Ammoniter kämpfte. Batseba wurde schwanger. Als David davon erfuhr, befahl er seinem Feldherrn, Urija im Kampf in die vorderste Reihe zu stellen und sich dann zurückzuziehen, damit Urija allein dasteht und getötet wird. Als die Feinde angriffen, wurde Urija von einem Pfeil durchbohrt und starb. Nach der Trauerzeit holte David Batseba in seinen Palast und nahm sie zur Frau, als wäre nichts gewesen. Ich habe mit anderen Bediensteten gesprochen. Alle haben Angst, etwas zu sagen. Wer den König kritisiert, der muss damit rechnen, zu sterben. Deshalb schreibe ich dir. So ein Unrecht darf doch nicht ungestraft bleiben, oder? Du bist der Hofprophet. Wenn jemand etwas tun kann, dann du!

Hochachtungsvoll, Ester

1 Lies den Text „Was bisher geschah". Sammelt an der Tafel, was ihr über David und Natan erfahrt.

2 Natan erreicht eine unerwartete Botschaft.
- **a** Lest den Brief laut vor.
- **b** Erzählt mit euren Worten, was zwischen David, Batseba und Urija passiert ist. Bildet dazu eine Erzählkette, bei der man nur einen Satz sagt, bevor der oder die Nächste zu Wort kommt.
- **c** Was kann und was soll Natan tun, nachdem er den Brief gelesen hat? Diskutiert eure Ideen.

[1] Darum schickte der HERR den Natan zu David;
dieser ging zu David und sagte zu ihm: In einer
Stadt lebten einst zwei Männer; der eine war reich,
der andere arm. [2] Der Reiche besaß sehr viele
Schafe und Rinder, [3] der Arme aber besaß nichts
außer einem einzigen kleinen Lamm, das er ge-
kauft hatte. Er zog es auf und es wurde bei ihm
zusammen mit seinen Kindern groß. Es aß von
seinem Stück Brot und es trank aus seinem Becher,
in seinem Schoß lag es und war für ihn wie eine
Tochter. [4] Da kam ein Besucher zu dem reichen
Mann und er brachte es nicht über sich, eines von
seinen Schafen oder Rindern zu nehmen, um es
für den zuzubereiten, der zu ihm gekommen war.
Darum nahm er dem Armen das Lamm weg und
bereitete es für den Mann zu, der zu ihm gekom-
men war. [5] Da geriet David in heftigen Zorn über
den Mann und sagte zu Natan: So wahr der HERR
lebt: Der Mann, der das getan hat, verdient den
Tod. [6] Das Lamm soll er vierfach ersetzen, weil er
das getan und kein Mitleid gehabt hat. [7a] Da sagte
Natan zu David: [7b] Du selbst bist der Mann. So
spricht der HERR, der Gott Israels: Ich habe dich
zum König von Israel gesalbt und ich habe dich
aus der Hand Sauls gerettet. […] [9] Aber warum
hast du das Wort des HERRN verachtet und etwas
getan, was ihm missfällt? Du hast den Hetiter Uri-
ja mit dem Schwert erschlagen und hast dir seine
Frau zur Frau genommen; durch das Schwert der
Ammoniter hast du ihn umgebracht. [10] Darum
soll jetzt das Schwert auf ewig nicht mehr von dei-
nem Haus weichen; denn du hast mich verachtet
und dir die Frau des Hetiters genommen, damit
sie deine Frau werde. […] [13] Darauf sagte David zu
Natan: Ich habe gegen den HERRN gesündigt.
Natan antwortete David: Der HERR hat dir deine
Sünde vergeben; du wirst nicht sterben. […]
[15] Dann ging Natan nach Hause. Der HERR aber
schlug das Kind, das die Frau des Urija dem David
geboren hatte, und es wurde schwer krank. [16] Da-
vid suchte Gott wegen des Knaben auf und fastete
streng; und wenn er heimkam, legte er sich bei
Nacht auf die bloße Erde. [17] Die Ältesten seines
Hauses kamen zu ihm, um ihn dazu zu bewegen,
von der Erde aufzustehen. Er aber wollte nicht
und aß auch nicht mit ihnen. [18] Am siebten Tag
aber starb das Kind. […] [24] Und David tröstete sei-
ne Frau Batseba; er ging zu ihr hinein und schlief
mit ihr. Und sie gebar einen Sohn und er gab ihm
den Namen Salomo. Der HERR liebte Salomo
[25] und sandte den Propheten Natan, damit er ihm
um des HERRN willen den Namen Jedidja, der
vom HERRN Geliebte, gebe. (2 Sam 12,1–25)

3 Nachdem er den Brief gelesen hat, geht Natan zu König David.

- **a** Lest die Verse 1 bis 7a vor. Wähle zwei der folgenden Sätze aus und ergänze sie im Heft: Natans Geschichte vom Reichen und Armen finde ich ..., weil ... – Wie David auf die Geschichte reagiert, finde ich ..., weil ... – Auf Davids Zorn über den reichen Mann hin sollte Natan zu ihm sagen: ...
- **b** Präsentiert und besprecht eure Sätze.
- **c** Lasst euch jetzt Vers 7b bis 25 vorlesen. Manche sagen, die Geschichte finde ein grausames Ende; andere sagen, sie gehe glücklich aus. Was sagt ihr? Diskutiert eure Meinungen.

4 Das Eingangsbild (Seite 33) zeigt König David.

- **a** Lasst das Bild auf euch wirken. Achtet dabei auf die Vielfalt der Farben, auf die hellere und dunklere Gesichtshälfte und auf die Augen, die euch entgegenblicken.
- **b** Sammelt Ideen, was diesen David innerlich beschäftigt.
- **c** Überprüft und korrigiert eure Ergebnisse in der Lerngruppe oder mithilfe des Buches.

5 Denke noch einmal zurück an die Geschichte von David, Batseba, Urija und Natan. Handelte Gott hier treu, gerecht, hart oder gütig? Wähle die zwei passendsten Adjektive aus und begründe deine Entscheidung.

Ein hörendes Herz

Königszeit → König Salomo

Was bisher geschah: Nach Davids Tod gibt es Streit um die Thronfolge. Ausgerechnet Salomo, der Sohn von Batseba und David, setzt sich als König durch. Schon bald hat er einen seltsamen Traum.

5 In Gibeon erschien der HERR dem Salomo nachts im Traum und
forderte ihn auf: Sprich eine Bitte aus, die ich dir gewähren soll!
6 Salomo antwortete: Du hast deinem Knecht David, meinem Vater,
große Huld erwiesen; denn er lebte vor dir in Treue, in Gerechtigkeit
und mit aufrichtigem Herzen. Du hast ihm diese große Huld
bewahrt und ihm einen Sohn geschenkt, der heute auf seinem Thron
sitzt. 7 So hast du jetzt, HERR, mein Gott, deinen Knecht anstelle
meines Vaters David zum König gemacht. Doch ich bin noch sehr
jung und weiß nicht aus noch ein. 8 Dein Knecht steht aber mitten in
deinem Volk, das du erwählt hast: einem großen Volk, das man we-
gen seiner Menge nicht zählen und nicht schätzen kann. 9 Verleih
daher deinem Knecht ein hörendes Herz, damit er dein Volk zu re-
gieren und das Gute vom Bösen zu unterscheiden versteht! Wer
könnte sonst dieses mächtige Volk regieren? 10 Es gefiel dem Herrn,
dass Salomo diese Bitte aussprach. 11 Daher antwortete ihm Gott:
Weil du gerade diese Bitte ausgesprochen hast und nicht um langes
Leben, Reichtum oder um den Tod deiner Feinde, sondern um Ein-
sicht gebeten hast, um auf das Recht zu hören, 12 werde ich deine
Bitte erfüllen. Sieh, ich gebe dir ein so weises und verständiges Herz,
dass keiner vor dir war und keiner nach dir kommen wird, der dir
gleicht. 13 Aber auch das, was du nicht erbeten hast, will ich dir ge-
ben: Reichtum und Ehre, sodass zu deinen Lebzeiten keiner unter
den Königen dir gleicht. 14 Wenn du auf meinen Wegen gehst, meine
Gesetze und Gebote bewahrst wie dein Vater David, dann schenke
ich dir ein langes Leben. 15a Da erwachte Salomo und merkte, dass es
ein Traum war. (1 Kön 3,5–15a)

1 Was sich ein junger König alles wünschen könnte!

a Stellt euch vor, ihr seid gerade zum König oder zur Königin gekrönt geworden. Was würdet ihr euch wünschen? Sammelt eure Einfälle in einem Brainstorming (vgl. Seite 14/15) und schreibt sie auf die linke Tafelseite.

b Lasst euch jetzt den Traum Salomos aus 1 Kön 3 vorlesen.

c Salomo wünscht sich von Gott „ein hörendes Herz“ (Vers 9). Was könnte das bedeuten? Sammelt eure Ideen auf der rechten Tafelseite.

2 Wie sein Vater David regierte auch König Salomo vierzig Jahre lang. Auf einem Jerusalemer Marktplatz entspinnt sich ein Streit über Salomos lange Amtszeit.
   a Kommt zu sechst nach vorne und tragt die Meinungen in den Sprechblasen lebendig vor.
   b Stimmt per Handzeichen ab, ob eurer Ansicht nach die positiven oder die negativen Aspekte in der Regierungszeit Salomos überwiegen.

3 Als junger König bat Salomo im Traum um ein hörendes Herz – und Gott sagte ihm dies zu. Gestalte in deinem Heft eine Seite mit der Überschrift „Ein hörendes Herz".
   a Wie kann man ein hörendes Herz darstellen? Denke dir ein einfaches Bild oder ein Symbol aus. Zeichne es auf die obere Hälfte der Seite.
   b Ergänze auf der unteren Seitenhälfte die folgenden Sätze: Salomo zeigte wirklich ein hörendes Herz, als er … – Gar kein hörendes Herz ließ Salomo erkennen, als er …

4 Nachdem die Bibel die vielen Verdienste Salomos dargestellt hat, erzählt sie kurz, dass Gott ihn gegen Ende seiner Amtszeit scharf verurteilt (1 Kön 11,9–13). Diskutiert, ob ihr das richtig findet.

Die Bibel heute erzählen

In wenigen Worten

Am Anfang stand ein Rekordversuch: Ein Internetportal der evangelischen Kirche rief dazu auf, die gesamte Bibel in elf Tagen zu twittern. Dazu wurde die Bibel in 3906 Abschnitte unterteilt. Jeder Abschnitt sollte von registrierten Nutzerinnen und Nutzern in 140 twitterfähigen Zeichen zusammengefasst werden. Auf dem Kirchentag in Bremen (2009) fiel der Startschuss. Der Rekord gelang: Innerhalb von nur zehn Tagen wurde die gesamte Bibel als Kurznachricht durchs Netz geschickt.
Twittere nun selbst Geschichten aus dem Alten Testament. Nachdem du in diesem Kapitel einen Überblick über die Geschichte des Volkes Israel gewonnen und dich ausführlich mit verschiedenen ↗alttestamentlichen Figuren beschäftigt hast, wird dir das nicht schwerfallen.

1 Hier werden die Geschichte von Esau und Jakob sowie das Buch Rut getwittert.

a Lies die beiden Kurznachrichten. Denke dann an die Hinwege zurück; dort wurde die Geschichte Israels in sieben Kapitel unterteilt: Urgeschichte – Erzeltern – Rund um Ägypten – Ansiedlung in Israel – Königszeit – Gespaltenes Israel – Exil und Heimkehr.
In welchen dieser Kapitel spielen die hier zusammengefassten Erzählungen? Notiere zur Ziffer jeder Kurznachricht das passende Kapitel ins Heft.

b Da gibt es aber noch mehr zu twittern: Schreibe zu den beiden Kurznachrichten jeweils einen vorangehenden und einen nachfolgenden Satz im SMS-Stil auf.

In starken Bildern

Bilder sagen oft mehr als tausend Worte. Da wundert es nicht, dass es zur Bibel unendlich viele Bilder gibt. Mittlerweile übersetzen manche Künstlerinnen und Künstler biblische Erzählungen sogar in Fotografien. Und vielleicht findet sich manchmal im Internet, in der Zeitung oder im Familienalbum ein Foto, das irgendwie an eine Szene aus der Bibel erinnert – wie dieses Foto:

2 Formuliere eine eigene Kurznachricht von drei Sätzen entweder zu Kain und Abel, zu König David oder zu König Salomo.

3 Vertiefe dich für kurze Zeit in das Foto. Achte auf die beiden Personen und auf den Hintergrund.
  a Beschreibe möglichst genau, was auf dem Foto zu sehen ist.
  b Was könnte sich zwischen den beiden Personen abspielen? Nenne mögliche Situationen.

4 Stell dir vor, dieses Foto würde aus einem Bibelfilm stammen. Welche der fünf Geschichten aus dem Kapitel würde am ehesten zu diesem Filmfoto passen: Kain und Abel, Esau und Jakob, Rut und Noomi, David und Natan, Salomos Traum? Begründe deine Wahl in wenigen Sätzen.

Fotos von Scheitern und Gelingen

A

B

1 Auf den Fotos A bis D sind unterschiedliche Situationen abgebildet.

a Betrachte alle Bilder. Überlege, welche dich besonders ansprechen, verwundern oder interessieren.

b Bildet Gruppen und einigt euch auf ein Foto, mit dem ihr euch gemeinsam näher beschäftigen wollt.

c Bestimmt in eurer Gruppe jeweils eine Person, die euer Gespräch leitet, wichtige Stichworte aufschreibt, auf die Zeit achtet.

C

D

2 Erfindet zu eurer Fotografie eine eigene Geschichte.

a Beschreibt zunächst, was ihr auf dem Bild seht.

b Sammelt dann Ideen, wie es zur dargestellten Situation gekommen ist und was auf dem Foto geschieht. Entscheidet euch anschließend für eine Geschichte, die euch gefällt, und schreibt sie in Stichworten auf.

c Eure Geschichte soll doppelt enden: Der erste Schluss steht unter dem Motto „Scheitern", der zweite unter dem Motto „Gelingen". Sammelt möglichst viele Einfälle und schreibt danach die beiden Erzählschlüsse in Stichworten auf.

d Einigt euch, wer eure Geschichte vorstellen wird.

3 Stellt eure Geschichten vom Scheitern und Gelingen in der Lerngruppe vor. Teilt danach jeweils kurz mit, was euch besonders gefallen hat.

Gelungenes Scheitern?

Alle Figuren, die ihr in den Durchgängen kennengelernt habt, erlebten Scheitern und Gelingen: Kain sah sich gegenüber seinem Bruder Abel benachteiligt … Jakob luchste seinem Bruder Esau dessen Erstgeburtsrecht ab … Rut lebte mit ihrer Schwiegermutter Noomi in der Fremde … König David begehrte Batseba, die mit Urija verheiratet war … Gott versprach König Salomo ein hörendes Herz …

A

B

C

1 Fünf Bilder – fünf Erzählungen. Bildet kleine Gruppen, um sie zu entschlüsseln.
   a Betrachtet Bild für Bild und entscheidet dann, welches davon Kain, Jakob, Rut, David und Salomo darstellt. Der einleitende Text gibt euch dazu einige Hinweise.
   b Findet heraus, welcher Moment aus jeder der fünf Erzählungen auf den Bildern zu sehen ist.

2 Kain, Jakob, Rut, David und Salomo waren allesamt keine strahlenden Helden.
   a Überlegt miteinander, welche der fünf Erzählungen „Scheitern und Gelingen" am besten zum Ausdruck bringt. Trefft dann eine gemeinsame Entscheidung und notiert drei Gründe, warum ihr gerade diese Geschichte ausgewählt habt.

D

Wenn ich nicht mehr weiter weiß, bringen mich diese Erzählungen auf neue Ideen.

Mit diesen Geschichten kann ich wenig anfangen, weil mein Leben heute ganz anders ist.

Klar leben wir heute anders, aber spannend finde ich diese Geschichten trotzdem.

Weil diese Geschichten von Gott erzählen, sind sie auch heute wichtig.

E

b Stellt euch gegenseitig vor, für welche Geschichten ihr euch warum entschieden habt.

3 Was wir heute mit den alten Erzählungen der Bibel anfangen können, ist ziemlich umstritten.

a Schreibt jede der vier Aussagen (Sprechblasen S. 57) auf ein eigenes DIN-A4-Blatt und hängt sie in die Ecken eures Klassenzimmers.

b Stell dich zu der Aussage, der du ehesten zustimmst.

c Begründe in einem Satz, warum du dich zu dieser Aussage gestellt hast.

Der Schritt zurück

Er stand ganz am Rand. Unter ihm die gleißende Wasseroberfläche. Wie geschmolzenes Blei sah es aus. In seinen Schläfen hämmerte es. Er hatte Angst, nackte Angst. Hinter sich hörte er die Stimme seines Trainers: „Spring!" Das Pochen nahm zu, gleich musste es seinen Kopf sprengen. Zwischen ihm und der Wassermasse gab es nur dieses kleine schwankende Brett, zehn Meter hoch.

Leute starrten nach oben. Sie warteten. Ihre Gesichter waren feindlich. Trotzdem fühlte er sich ihnen verpflichtet. Er musste springen, damit sie ihre Sensation bekamen. Er fühlte, dass er es nicht schaffen würde. Er war noch nicht so weit. Aber er musste beweisen, dass er ein Mann war. Lieber tot sein, als sich vor diesen Gesichtern zu blamieren. Nur noch ein paar Sekunden atmen, dachte er, mehr verlange ich gar nicht. Er blickte nach unten. Warum lächelte niemand? Lauter gespannte weiße Ovale mit harten Augen. Sie wissen, dass ich es nicht kann. Es wurde ihm schlagartig klar. Sie wissen, dass etwas passieren wird. Warum rief ihn niemand zurück? […]

Er forschte in seinem Gewissen: Wenn er sprang, war irgendetwas damit erreicht? Tat er damit etwas Falsches? Etwas Richtiges? Er wusste, was er tun sollte, warum sträubte er sich dagegen? Aber war das Springen heldenhaft, hatte es einen Sinn? Ein Schritt nur! Sein Fuß schob sich langsam vor. Dann … ging ein Ruck durch seine Gestalt. Er richtete sich auf und drehte sich um. Ganz bewusst. Seine Unsicherheit war von ihm gewichen, der Druck, der auf ihm lastete, verschwand. Langsam kletterte er die Leiter hinab und schritt durch die starre Gruppe.

Zum ersten Mal in seinem Leben trug er den Kopf hoch. Er begegnete den Blicken der anderen mit kühler Gelassenheit. Keiner sprach ein Wort oder lachte gar. Er fühlte sich so stark, als hätte er gerade die wichtigste Prüfung in seinem Leben bestanden. Er spürte so etwas wie Achtung vor sich selbst. Eines Tages würde er auch springen, das wusste er plötzlich.

Annette Rauert

1 Tragt die Kurzgeschichte zu zweit im Wechsel vor. Positioniert euch zum Vorlesen an zwei unterschiedlichen Standorten, beispielsweise vorn an der Tafel und hinten im Klassenzimmer.

2 Welcher Gedanke beschäftigt dich nach dem Hören der Geschichte besonders? Äußert euch in einer Blitzlichtrunde. – Zur Erinnerung: Bei einem Blitzlicht geht es um kurze Aussagen in der Ich-Form. Das heißt, jede Person sagt ein bis zwei Sätze, die nicht kommentiert oder bewertet werden.

3 Was denkst du: Scheitert die Person in dieser Geschichte? Holt ein Meinungsbild eurer Lerngruppe ein.
- a Nimm einen kleinen Zettel und schreibe darauf „Ja" oder „Nein". Sammelt alle Zettel ein und zählt sie aus. Notiert das Ergebnis an der Tafel.
- b Diskutiert, ob die Geschichte von Scheitern oder von Gelingen erzählt.

3

Hoffnung in Leid und Tod

Jesus Christus

Street-Art: Leid auf der Straße

A

B

C

D

1 Street-Art – so heißt eine Kunstrichtung, die vor allem in großen Städten zu bestaunen ist. Die Künstlerinnen und Künstler bemalen oder bekleben in origineller Weise Wände, Mauern und Gegenstände einer Stadt, beispielsweise Verkehrsschilder, Mülleimer oder Stromkästen. Wie du auf den Fotos A bis D sehen kannst, werden dabei auch die Themen „Leid" und „Tod" nicht ausgespart.

a Schau dir die vier Street-Art-Werke A bis D genau an: Wo wurden sie angebracht? Was stellen sie dar?

b Welche zwei Werke sprechen dich besonders an? Finde für beide einen passenden Titel.

c Sammelt an der Tafel unterschiedliche Titel zu allen vier Werken.

Street-Art-Künstlerinnen und -Künstler bereisen oftmals große Städte in zahlreichen Ländern, um sich die dortige Straßenkunst anzusehen. Dadurch erhalten sie Anregungen und neue Ideen. Dieses Kapitel will auch dich auf eine solch interessante Reise mitnehmen. Auf dem Weg durch die folgenden Seiten wirst du auf unterschiedliche Stationen treffen. Sie zeigen dir, wie Menschen mit Leid und Tod umgehen und wie Jesus damit umgegangen ist.
In den Hinwegen spürst du zunächst verschiedenen Erfahrungen von Leid nach. Wie unzählige andere Menschen kannst du über die schwierige Frage nachdenken, warum es das Leid überhaupt gibt.

In den Durchgängen kannst einen besonderen Umgang mit Leid und Tod kennenlernen: Viele Menschen, die leiden, schauen seit Jahrhunderten auf Jesus, der von den Toten auferstanden ist. Sie erinnern sich, wie Jesus dem Leid anderer Menschen begegnet ist und wie er selbst gelitten hat. Sie erzählen von seinem Sterben und von seiner ↗Auferstehung. Und sie feiern ↗Ostern.
Abschließend erkundest du in den Ausblicken, was Menschen heute Hoffnung gibt.

2 Gestalte deine eigene Street-Art zu den Themen „Leid“ und „Tod“.

- **a** Wähle eines der folgenden Verkehrsschilder aus und zeichne es in dein Heft. Verändere nun das Schild nach deinen Vorstellungen durch Farben, Formen, Strichmännchen usw.

- **b** Betrachtet eure eigene Street-Art: Legt eure Hefte gut sichtbar auf den Tischen aus und startet einen Rundgang durch die Reihen.

3 Es geht los zu einer ersten Fahrt durch das Kapitel.

- **a** Zeichne das Ampelmännchen in dein Heft. Lass rechts daneben Platz zum Schreiben.
- **b** Lies den Text auf dieser Doppelseite, um zu erfahren, was dich erwartet. Blättere dann Seite für Seite durch das Kapitel „Hoffnung in Leid und Tod“. Schreibe abschließend neben dein Ampelmännchen die Überschriften von zwei Doppelseiten, die dich besonders interessieren.
- **c** Blättert nun gemeinsam durch das Kapitel. Wer die jeweilige Doppelseite ausgewählt hat, hebt die Hand.
- **d** Bestimmt zwei Freiwillige, die das Stimmungsbild eurer Fahrt durch das Kapitel zusammenfassen: Waren die Interessen sehr ähnlich oder ganz unterschiedlich? Zu welcher Doppelseite gab es die meisten Meldungen?

Les-Art: Leid in der Literatur

Infos zum Buch

Mit 23 Jahren schreibt Sally Nicholls den Roman „Wie man unsterblich wird“. Darin nimmt sie die Leserinnen und Leser mit in die Welt des elfjährigen Sam. Sam schreibt seine Erlebnisse und Gedanken in ein Notizheft. Zudem notiert er Fragen, die Erwachsene nicht (gern) beantworten, und stellt Listen wie diese zusammen:

Fünf Tatsachen über mich

1. Ich heiße Sam.
2. Ich bin elf Jahre alt.
3. Ich sammle Geschichten und interessante Tatsachen.
4. Ich habe Leukämie.
5. Wenn du das hier liest, bin ich vermutlich tot.

Sally Nicholls hat die Figur des Jungen Sam erfunden. Während sie das Buch schrieb, hat sie mit vielen Menschen gesprochen, die an Krebs erkrankte Kinder betreuen.

Mein Leben in Krankenhäusern

Heute ist Dienstag. Dienstags haben wir keine Schule, da muss ich nämlich in die Tagesklinik. Felix geht nicht in dieselbe Klinik wie ich, weil er nicht dieselbe Art Leukämie hat wie ich. Er geht in eine andere, immer donnerstags. Ich weiß, ich sollte was darüber schreiben, wie das in der Klinik ist, aber das tu ich lieber nicht. Es ist nicht sehr aufregend. Sie wiegen dich und messen dich und machen Bluttests und reden mit dir und geben dir Medikamente, die du gleich da einnimmst, und dann noch andere, die du mit nach Hause nimmst. Das ist im Grunde schon alles.
Ich verstehe, wieso Dad meint, es gehe mir besser, aber das liegt nur daran, dass ich jetzt andere Medikamente bekomme. Wenn du nämlich Leukämie kriegst, dann machst du eine Chemotherapie, und die ist Gift. Damit wollen sie dich zwar nicht umbringen, sondern nur den Krebs, aber du selbst wirst trotzdem krank davon. Die Haare fallen dir aus, und deine Haut juckt und so weiter. Und da ich das jetzt nicht mehr bekomme, geht es mir besser, klar.
Zweimal hatte ich diese Chemo. Dad wollte, dass ich jetzt wieder eine bekomme, aber sie haben Nein gesagt.

Leukämie kommt immer wieder zurück. Sie glauben, sie hätten sie besiegt, und dann kommt sie wieder. Nicht bei jedem. Tatsache ist: Fünfundachtzig Prozent der Menschen sind für immer geheilt. Das sind achteinhalb von zehn Menschen. Fünfundachtzig von hundert. Achthundertfünfzig von tausend.

1 Lies Sams Notizbucheintrag „Mein Leben in Krankenhäusern“ still für dich. Wählt aus eurer Lerngruppe anschließend jemanden aus, der den Text vorträgt.

2 Sam schreibt über sich und die Krankheit Leukämie.

a Notiere auf einem Blatt Papier, was dir beim Lesen von Sams Schilderungen durch den Kopf gegangen ist.

b Markiere, welche deiner Gedanken privat bleiben sollen und welche du anderen mitteilen möchtest.

c Kommt über eure öffentlichen Gedanken miteinander ins Gespräch.

Also die meisten.
Aber bei mir kommt sie immer wieder.
Leukämie ist eine Art Krebs. Was dabei passiert, ist Folgendes: Dein Körper produziert zu viele weiße Blutkörperchen.* Weiße Blutkörperchen sind so etwas wie deine persönliche Widerstandsarmee. Sie kämpfen gegen Infekte und so. Aber wenn du Leukämie bekommst, dann heißt das, sie übernehmen das Kommando, und die anderen Blutkörperchen werden plattgemacht und können all das nicht mehr machen, was sie eigentlich tun sollten. Also wirst du krank. Du kannst zum Beispiel sehr blass werden, oder du holst dir dauernd blaue Flecken oder kriegst Nasenbluten, das gar nicht mehr aufhört, oder du bist immer müde.
Ich hatte es dreimal, dieses Mal mitgerechnet. Beim ersten Mal war ich sechs. Da musste ich einen Monat lang ins Krankenhaus zur Chemotherapie und anschließend noch ganz lange Tabletten schlucken. Aber danach dachten sie, ich sei geheilt, ganz sicher.
Es kam wieder, als ich zehn war. Das war, als ich Felix kennengelernt habe. Damals haben sie mir auch diese Medikamente zur Chemotherapie gegeben, mir sind wieder die Haare ausgefallen, und all das andere passierte auch. Auch da dachten sie, ich sei geheilt. Mehr oder weniger jedenfalls.
„Abwarten“, haben sie gesagt. Oder: „Daumen drücken.“ Und Mum guckte ganz ängstlich, und Dad wurde still.
Darin sind sie wirklich gut – Mum darin, ängstlich zu gucken, Dad darin, still zu werden. Und dieses Mal hatten sie recht. Es kam tatsächlich wieder. Nach nur zweieinhalb Monaten.

* Bei dem Typ, den ich habe, der akuten lymphoblastischen Leukämie, produziert mein Körper zu viele Lymphoblasten, das sind weiße Babyblutzellen. Das Ergebnis ist aber dasselbe.

Sally Nicholls

Auch wenn die Geschichte gut geschrieben ist – ich mag in der Schule nicht dauernd Bücher über kranke Kinder lesen. Es gibt doch auch schöne Dinge im Leben. (Amelie)

Die Geschichte ist hart, aber irgendwie auch lustig, weil Sam so tolle Einfälle hat. Beim Lesen habe ich mir gedacht: Ich möchte Sam irgendwie helfen können. (Rosa)

Als ich die Geschichte von Sam gelesen habe, bin ich sehr nachdenklich geworden. Warum werden Kinder so krank? Ich verstehe das einfach nicht. (Felix)

Vor diesem Roman habe ich nicht daran gedacht, dass auch Kinder todkrank werden können. Jetzt habe ich ehrlich gesagt etwas Angst davor, dass ich so krank werden könnte. (Jakob)

3 Der Roman „Wie man unsterblich wird“ weckt sehr unterschiedliche Empfindungen und Meinungen.

a Lest zuerst die Infos zum Buch und im Anschluss die Kommentare der vier Kinder laut vor.

b Mit wem würdest du dich am liebsten unterhalten: mit Amelie, Felix, Jakob oder Rosa? Tauscht euch darüber aus und nennt Gründe für eure Wahl.

c Auch wenn du bisher nur diesen einen Ausschnitt des Romans gelesen hast: Wie stehst du zu diesem Buch? Schreibe einen kurzen Kommentar auf ein Blatt Papier.

d Sucht einen freien Platz an der Wand eures Klassenraums und veröffentlicht dort eure Kommentare. Nehmt euch dann einige Minuten Zeit, um die Sichtweise der anderen kennenzulernen.

Wall-Art: Streit um das Leid

Angesichts sterbenskranker Menschen fragen sich viele: „Warum ergeht es ihnen so? Warum unternimmt Gott nichts gegen ihr Leid?“ Im Religionsunterricht haben Schülerinnen und Schüler ihre Gedanken kreativ umgesetzt, indem sie diese Warum-Wand gestaltet haben.

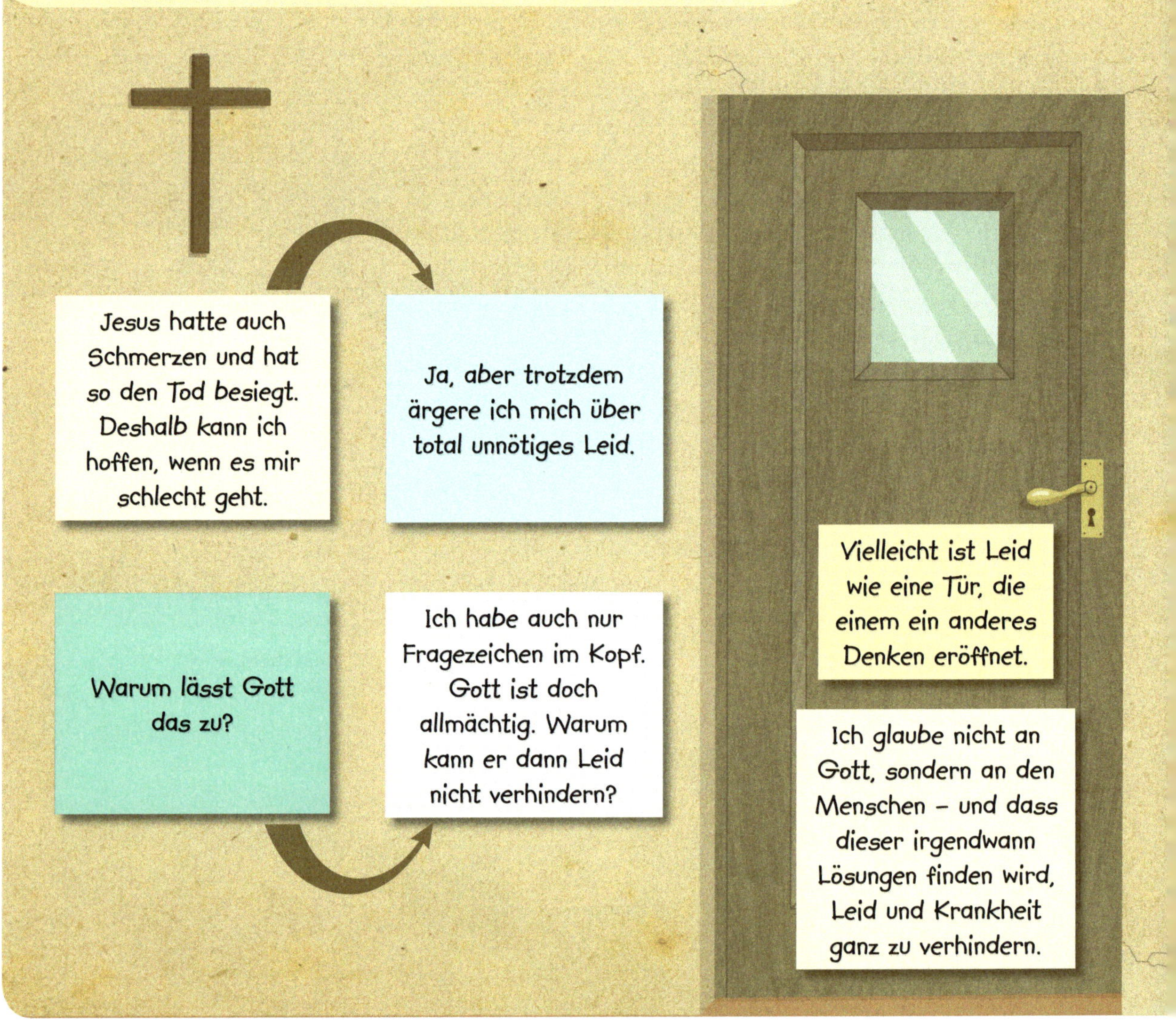

1 Stell dir vor, du stehst vor dieser Wand.

a Betrachte in aller Ruhe, was alles zu sehen ist, und lies die Aussagen in den Kästen. Überlege, an welcher Stelle der Wand du stehen bleiben und dich länger aufhalten würdest.

b Wähle einen Textkasten aus und übertrage ins Heft, was dort geschrieben steht. Reagiere schriftlich auf diese Aussage, beispielsweise durch eine Gegenfrage, durch Zustimmung oder Ablehnung.

c Tauscht euch in der Lerngruppe darüber aus, was ihr aufgeschrieben habt.

2 Gestaltet eure eigene Warum-Wand.

a Wählt mit eurer Lehrkraft eine Wand oder einen Teil davon. Bedenkt dabei, welche vorhandenen Elemente (Fenster, Tür, Risse, Lichtschalter, Uhr, Kreuz usw.) ihr aufnehmen könnt. Sollte dies nicht möglich sein, könnt ihr auch auf einem großen Plakat arbeiten und darauf eine Wand zeichnen.

b Verfasse auf einem Zettel eine eigene kurze Aussage zur Frage: „Warum lässt Gott das zu?“

c Befestigt eure Zettel an der Warum-Wand. Überlegt, welche Zeichen, Symbole oder Bilder ihr ergänzen wollt und bringt diese ebenfalls an der Wand an.

d Nehmt euch Zeit zur Besichtigung und lest dabei alle Zetteltexte still durch.

e Besprecht, welche Gedanken euch besonders zum Nachdenken anregen.

3 Christen glauben, dass Jesus Christus das Leid überwunden hat. Das Eingangsbild (Seite 59) bringt dies zum Ausdruck.

a Beschreibt, was ihr alles auf dem Bild seht.

b Wer ist hier dargestellt – und was hat das mit der Überwindung des Leids zu tun? Sammelt eigene Vermutungen.

c Informiert euch jetzt im „Gotteslob“ (Seite 672, Nr. 589.8) oder im „Youcat“ (Seite 130, linke Spalte).

d Wieso steht beim Osterfrühstück ein Kuchen in Form eines Lamms auf dem Tisch? Schreibe eine kurze Erklärung, die für ein Kinderlexikon geeignet wäre.

e Wie findet ihr dieses Ostersymbol? Diskutiert eure Meinungen.

Klage hören, erproben, bedenken

„Warum hast du mich verlassen?" An wen könnte diese Frage gerichtet sein? Vielleicht stellt sie eine Frau an ihren verstorbenen Ehemann oder ein enttäuschter Freund an seine langjährige Freundin, die plötzlich nichts mehr mit ihm zu tun haben will.
Klagend fassen Menschen in Worte, was sie quält, empört, bedrückt oder bedroht. Wer klagt, spricht aus, was ihm oder ihr wehtut. Doch die Klage wird nicht ins Leere gesprochen. Als Anklage richtet sie sich an jemanden, der zuhören soll: „Hör zu, wie schlecht es mir geht! Versteh mich und hilf mir, wenn du kannst!"
Das Aussprechen von Not, Schmerz und Unrecht, das Hinwenden an jemanden, der zuhört, geschieht nicht nur im Alltag, in Filmen, Gedichten oder Liedern. Auch in der Bibel und im jüdischen wie christlichen Gebet wird sehr oft geklagt. Da wenden sich Menschen mit ihrem Elend an Gott: „Hör zu, Gott, wie schlecht es mir geht! Hör zu und hilf mir doch!"

1 *Beweinung Christi (Havanna/Kuba, Ausschnitt)*

Klagen aussprechen und hören

Die folgenden Sätze entstammen den biblischen Psalmen. Sie nur zu überfliegen oder still zu lesen, verrät zu wenig über sie. Klageworte müssen laut gesprochen werden, um ihnen Gehör zu verschaffen.
Probiert selbst aus, wie sich die drei Verse am besten aussprechen lassen. Schreibt sie zuerst an die Tafel und stellt euch davor in einem Halbkreis auf. Beginnt mit einem der Verse. Sprecht ihn euch nacheinander vor und wechselt dabei Lautstärke, Tempo, Stimmlage und Betonung.

HERR, sei mir gnädig, denn mir ist angst; *
vor Gram sind mir Auge, Seele und Leib
zerfallen. (Ps 31,10)

Mein Gott, mein Gott, warum hast du mich
verlassen, * bleibst fern meiner Rettung, den
Worten meines Schreiens? (Ps 22,2)

2 Rette mich, Gott, *
denn das Wasser geht mir bis an die Kehle!
3 Ich bin versunken im Schlamm des
Abgrunds * und habe keinen Halt mehr.
In Wassertiefen bin ich geraten, *
die Flut reißt mich fort. (Ps 69,2 f.)

Klagen formulieren

Auch Kinder haben manchmal Grund zur Klage. Zwei Situationen können euch Anlass geben, selbst einmal eine Klage aufzuschreiben.
Lies beide Texte still durch. Such dir einen davon aus und schreibe aus Sicht von Ina oder von Jan eine kurze und einprägsame Klage. Darin soll Inas oder Jans Not zur Sprache kommen und jemand anderem mitgeteilt werden. Tragt die aufgeschriebenen Klagen schließlich der ganzen Lerngruppe vor.

Ina ist sehr ruhig und schüchtern. Sie traut sich kaum, vor der Klasse zu reden oder sich zu melden. Dann bekommt sie schlechte Noten. Die Lehrerinnen und Lehrer denken, sie sei eine totale Null. Das stimmt aber nicht, denn Ina lernt viel und weiß weit mehr, als die Lehrerinnen und Lehrer merken. Oft muss sie nach der Schule weinen, weil sie das so ungerecht findet.

Jan ist nicht sehr sportlich. Am schlimmsten ist für ihn das Geräteturnen. Während alle anderen an den Stangen hochklettern, bleibt er unten hängen und kommt einfach nicht weiter. Schon oft haben sich dann die anderen über ihn lustig gemacht. Bevor der Sportunterricht beginnt, ist ihm schon richtig schlecht, weil er Angst hat, wieder ausgelacht zu werden.

Einen Klagepsalm erkunden

Viele der Gebete, die im ↗alttestamentlichen Psalmenbuch gesammelt sind, rücken die Klage in den Mittelpunkt. Schonungslos werden Angst und Schmerz vor Gott getragen. Dennoch enden solche Klagepsalmen immer mit Worten des Vertrauens und der Hoffnung.

2 Wie lange noch, HERR, vergisst du mich ganz? *
Wie lange noch verbirgst du dein Angesicht vor mir?
3 Wie lange noch muss ich Sorgen tragen in meiner Seele, /
Kummer in meinem Herzen Tag für Tag? *
Wie lange noch darf mein Feind sich über mich erheben?
4 Blick doch her, gibt mir Antwort, HERR, mein Gott, *
erleuchte meine Augen, damit ich nicht im Tod entschlafe,
5 damit mein Feind nicht sagen kann: /
Ich habe ihn überwältigt, *
damit meine Gegner nicht jubeln, weil ich wanke!
6a Ich aber habe auf deine Güte vertraut, *
mein Herz soll über deine Hilfe jubeln.
6b Singen will ich dem HERRN, *
weil er mir Gutes getan hat.

(Ps 13,2–6)

1 Bildet zwei Gruppen, um Psalm 13 laut vorzutragen. Die erste Gruppe beginnt jeweils mit dem Text nach den Ziffern, beim Sternchen erfolgt eine winzige Pause, dann spricht die zweite Gruppe. Nach dem Vortrag können beide Hälften die Aufgaben tauschen.

2 Erkundet den Psalm zu zweit.
- **a** Ps 13 gilt als ein Klagepsalm. Stimmt das? Überlegt euch eine kurze Begründung dafür und notiert sie.
- **b** Wo geschieht ein Umschwung von der Bedrückung zur Hoffnung? Schreibt diesen Vers ins Heft.

3 Diskutiert in der Lerngruppe.
- **a** In gängigen Gebetbüchern findet man Ps 13 fast nie. Soll man ihn denn heute noch beten?
- **b** „Klagen ist besser als Jammern." Stimmt das?

Gelitten, gekreuzigt, gestorben

In vielen katholischen Kirchen, aber auch unter freiem Himmel, finden sich Bilder oder Figuren, die den Leidensweg Jesu bis zu seinem Tod darstellen. Meist gibt es 14 Stationen, die auf eine Tradition in Jerusalem zurückgehen. Dort erinnert die Via Dolorosa (Schmerzensstraße) an den Weg, auf dem Jesus das Kreuz aus der Stadt auf die Anhöhe Golgota getragen hat. Hier siehst du acht Stationen eines Kreuzweges, den Animata Probst OSF gemalt hat. Sie gehört dem Orden der Franziskanerinnen an.

A

B

C

D

1 Die Bilder eines Kreuzweges erzählen den Leidensweg Jesu.
   a Betrachte Bild für Bild aufmerksam. Achte dabei auf die Farben, die Figuren und die Haltung Jesu.
   b Beschreibt euch zu zweit abwechselnd die Bilder.

2 Die Bilder eines Kreuzweges helfen, sich an den Leidensweg Jesu zu erinnern.

E

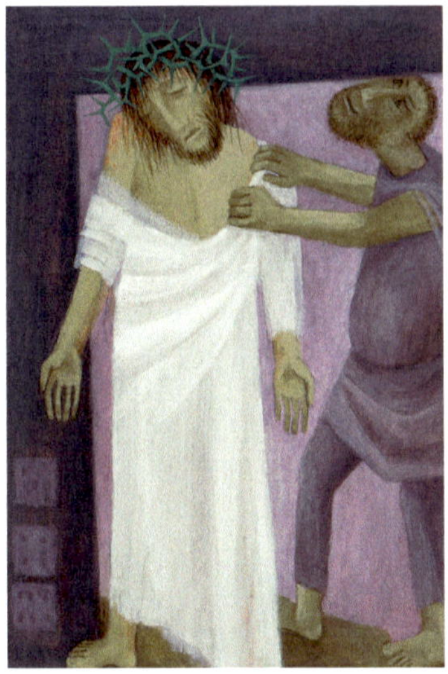

F

G

H

a Arbeitet zu zweit: Ordnet den acht Bildern jeweils den passenden Titel zu. Schreibt die Stationen in der richtigen Reihenfolge in euer Heft: „Jesus wird seiner Kleider beraubt." – „Jesus nimmt das Kreuz auf seine Schultern." – „Jesus stirbt am Kreuz." – „Jesus wird vom Kreuz abgenommen und in den Schoß seiner Mutter gelegt." – „Jesus fällt zum dritten Mal unter dem Kreuz." – „Jesus begegnet den weinenden Frauen." – „Simon von Zyrene hilft Jesus, das Kreuz zu tragen." – „Jesus wird von Pilatus zum Tod verurteilt."

b Überprüft eure Zuordnungen in der Lerngruppe und korrigiert sie gegebenenfalls.

3 Erzählt entlang der acht Bilder die Leidensgeschichte Jesu. Bildet dazu eine Erzählkette. Das geht so: Eine oder einer aus der Lerngruppe beginnt die Erzählung beim ersten Bild mit einem Satz. Der oder die Nächste fügt einen Satz hinzu. Dabei kann er oder sie auch zum nächsten Bild wechseln. Alle von euch sollen mindestens einmal zu Wort kommen. Beginnt die Erzählung von vorn, wenn noch nicht alle an der Reihe waren.

4 Die Künstlerin hat ihren Kreuzwegstationen eigene Titel gegeben, zum Beispiel: „Sich helfen lassen", „Stehen", „Tragen und gehen". Sammelt und begründet Vermutungen, zu welchen Bildern diese drei Titel am besten passen.

Wer starb da eigentlich am Kreuz?

Wer war dieser Jesus, der am Kreuz gestorben ist? Um seiner Besonderheit auf die Spur zu kommen, erzählt das ↗Neue Testament von Menschen, die Jesus begegnet sind. Vier davon stellen sich nun vor.

Wenn der Tag sich langsam dem Ende entgegenneigt, setze ich mich gern auf meinen Platz am Stadttor, lehne mich gegen die weiße Hauswand und sehe dem Himmel beim Schlafengehen zu. Zuerst wird das strahlende Blau ein bisschen dunkler, und je mehr die Sonne am Horizont verschwindet, desto mehr Farben entdecke ich: Rot, Gelb, Violetttöne, ein sanftes Gold legt sich auf die Häuser der Stadt. Bis Jesus kam, wusste ich nicht, dass es so viele Farben gibt. Selbst in meinen kühnsten Träumen hätte ich mir den Himmel in der Abenddämmerung nicht so schön vorgestellt.

(inspiriert von Mt 20,29–34)

Ich gehe auf meinen Sohn zu. Das kam lange nicht vor. Ich sehe ihm ins Gesicht. Er hat ganz dunkle, fast schon schwarze Augen. Noch nie habe ich das so genau gesehen wie jetzt. Er ist ein so schöner junger Mann geworden, mit liebevollen Gesichtszügen und mit einem verschmitzten Lächeln um die Mundwinkel. Ich stehe vor ihm, strecke meine Arme aus, ziehe ihn an mich heran und umarme ihn so fest ich kann. So schön fühlt sich das an. Mein Junge, mein großer Junge. 18 Jahre lang war es mir nicht gegönnt, ihn so zu umarmen. Alle Tage nur liegen, mehr kriechen als laufen, den Menschen, die mich umgaben, kaum ins Gesicht schauen können, Schmerzen aushalten. Aber Jesus hat mich aufgerichtet.

(inspiriert von Lk 13,10–17)

1 Bildet Gruppen, von denen sich jede mit einem der vier Menschen beschäftigen soll, die auf dieser Doppelseite zu Wort kommen. Pro Gruppe braucht ihr mindestens eine Bibel.
- a Lest euch in der Gruppe vor, was eure Person oben erzählt. Wechselt reihum, sobald ein neuer Satz beginnt.
- b Schlagt die Bibelstelle nach, die zu eurer Person angegeben ist, und lest sie euch in gleicher Weise vor.
- c Erstellt mithilfe beider Texte einen Steckbrief zu eurer Person. Schreibt zunächst folgenden Lückentext quer auf ein DIN-A4-Blatt:
  - Ich bin ...
  - Bevor ich Jesus traf, ...
  - Danach ...
  - Mein Lebensmotto lautet: ...
- d Diskutiert, wie ihr die vier Satzanfänge weiterschreiben könnt, um eure Person treffend vorzustellen. Einigt euch auf eine Lösung und tragt sie in den Lückentext ein.

Ich sah immer alle Menschen um mich herum, sie unterhielten sich, freuten sich, lachten miteinander, stritten, weinten. Und ich konnte nur erahnen, worum es ging. Ich sah, was sie taten, aber hörte nicht, was sie sprachen. Und danach fragen konnte ich auch nicht. Und dann war da dieser Tag. Ein Mann, dessen Name ich nicht kannte, kam in die Stadt. Ich ging mit meinen Verwandten, um ihn zu sehen. Aber ... er sah mich! Mitten in der Menge! Er zog mich zu sich, tatsächlich mich! Ich muss ziemlich dämlich geschaut haben. Er legte mir die Hände auf die Ohren und berührte meine Zunge. Und plötzlich ... Stimmengewirr, Vogelzwitschern, Musik an der Straßenecke. „Ist das schön!", rief ich, und die Menschenmenge sah mich verwundert an. Und endlich konnte ich selbst fragen: „Wer bist du?" „Jesus", sagte er.

(inspiriert von Mk 7,31–37)

Ich weiß, dass viele Leute mich verachten. Ich sehe es in ihren Augen, wenn sie mich missbilligend anschauen. Sie drehen sich weg, wenn ich ihnen auf der Straße begegne. Sie rufen mir gemeine Worte hinterher. Aber das berührt mich nicht – nicht mehr. Ich weiß, dass mich einer schätzt. Ich habe es immer gewusst. Seit ich von Jesus hörte, wusste ich, dass er jemand sein kann, der mich versteht. Deswegen habe ich mich getraut, zu ihm zu gehen, ihm die Füße zu waschen – und das in einem Haus bei Leuten, denen ich nichts wert bin. Und Jesus hat mich verstanden. Er hat mich gesehen, so wie ich bin, nicht nur die Sünderin, von der alle anderen glauben, dass ich sie sei. Er glaubt an mich. An mich.

(inspiriert von Lk 7,36–50)

2 Was erlebten die vier Menschen, die Jesus begegnet sind? Stellt sie in der Lerngruppe vor. Lest jeweils zunächst die kleine Erzählung vor, die oben abgedruckt ist. Präsentiert dann den Steckbrief, den ihr euch ausgedacht habt.

3 Versetze dich in jene Person, mit der du dich genauer beschäftigt hast. Vor einer halben Stunde hat sie auf der Straße gehört: „Jesus ist von den Römern getötet worden." Nun sitzt sie allein zuhause. Sie erinnert sich daran, wie sie einst Jesus begegnet ist. Sie überlegt, was so besonders an ihm war.

a Notiere aus Sicht jener Person, in die du dich hineinversetzt hast, drei Sätze zur Überschrift dieser Doppelseite: „Wer starb da eigentlich am Kreuz?"

b Wer von euch will, kann die aufgeschriebenen Gedanken mitteilen.

c Wie ist der Gekreuzigte in seinem Leben mit leidenden Menschen umgegangen? Besprecht eure Gedanken.

Eine ungeheure Entdeckung

Nach dem Tod Jesu sind seine Freundinnen und Freunde sehr verzweifelt. Die Hoffnungen der Menschen, die an Jesus geglaubt haben, sind zerstört. Doch da macht Maria von Magdala, eine Jüngerin Jesu, drei Tage nach seinem Tod eine ungeheure Erfahrung, die der Evangelist Johannes erzählt.

11 Maria aber stand draußen vor dem Grab und weinte.
Während sie weinte, beugte sie sich in die Grabkammer hinein.
12 Da sah sie zwei Engel in weißen Gewändern sitzen, den einen dort,
wo der Kopf, den anderen dort, wo die Füße des Leichnams Jesu gelegen hatten.

13 Die Engel sagten zu ihr: Frau, warum weinst du?

Sie antwortete ihnen: Sie haben meinen Herrn weggenommen und ich weiß nicht, wohin sie ihn gelegt haben.

14 Als sie das gesagt hatte, wandte sie sich um und sah Jesus dastehen, wusste aber nicht, dass es Jesus war.
15 Jesus sagte zu ihr: Frau, warum weinst du? Wen suchst du?

Sie meinte, es sei der Gärtner, und sagte zu ihm: Herr, wenn du ihn weggebracht hast, sag mir, wohin du ihn gelegt hast! Dann will ich ihn holen.

16 Jesus sagte zu ihr: Maria!

Da wandte sie sich ihm zu und sagte auf Hebräisch zu ihm: Rabbuni!,
das heißt: Meister.
17 Jesus sagte zu ihr: Halte mich nicht fest; denn ich bin noch nicht zum Vater hinaufgegangen. Geh aber zu meinen Brüdern und sag ihnen: Ich gehe hinauf zu meinem Vater und eurem Vater, zu meinem Gott und eurem Gott.

18 Maria von Magdala kam zu den Jüngern und verkündete ihnen: Ich habe den Herrn gesehen.

Und sie berichtete, was er ihr gesagt hatte.

(Joh 20,11–18)

1 Lest den Text in verteilten Rollen (Erzähler, Engel, Maria, Jesus) zwei Mal laut vor. Wechselt nach dem ersten Vorlesen die Sprecherinnen und Sprecher.

2 *Ausschnitt aus Giotto di Bondone: Noli me tangere [Halte mich nicht fest (Joh 20,17)] (1303–1306)*

2 Entwickelt ein Standbild zu den Versen 11, 12 f., 14 f., 15 f. und 18. Geht dabei folgendermaßen vor:
- **a** Bildet fünf Gruppen und lost aus, welche Gruppe welche Bibelstelle übernimmt.
- **b** Lest noch einmal euren Vers bzw. eure Verse genau nach. Besprecht nun, was an dieser Szene wichtig ist. Überlegt, welche Gefühle und Gedanken der Figuren sichtbar werden sollen.
- **c** Baut euer Standbild. Achtet auf die Körperhaltung und darauf, wie die Figuren zueinander stehen.
- **d** Präsentiert eure Standbilder in der Reihenfolge der Verse und besprecht jeweils kurz, welche Eindrücke das Standbild beim Publikum hinterlassen hat.

3 In der Arenakapelle in Padua (Italien) hat der Künstler Giotto di Bondone in einem Fresko dargestellt, wie Maria dem ↗auferstandenen Jesus begegnet.
- **a** Betrachte das Bild. Vervollständige dann in deinem Heft die folgenden Satzanfänge:
  - Auf den ersten Blick fällt mir auf …
  - Maria wirkt auf mich, als ob …
  - Die Hände der Figuren …
- **b** Lies den Satz vor, der deine interessanteste Beobachtung enthält.

4 „Maria von Magdala kam zu den Jüngern und verkündete ihnen: Ich habe den Herrn gesehen." (Joh 20,18) Was könnten die Jüngerinnen und Jünger in diesem Moment gedacht und gesagt haben?
- **a** Formuliere eine mögliche Reaktion aus dem Mund einer Jüngerin oder eines Jüngers.
- **b** Tragt eure Reaktionen reihum vor.

Aus Verzweiflung wird Hoffnung

Aus! Vorbei! Nichts wie weg! Traurig und enttäuscht verlassen zwei Jünger Jesu nach dessen Tod Jerusalem. Davon erzählt der Evangelist Lukas.

[13] Und siehe, am gleichen Tag waren zwei von den Jüngern auf dem Weg in ein Dorf namens Emmaus, das sechzig Stadien von Jerusalem entfernt ist. [14] Sie sprachen miteinander über all das, was sich ereignet hatte. [15] Und es geschah, während sie redeten und ihre Gedanken austauschten, kam Jesus selbst hinzu und ging mit ihnen. [16] Doch ihre Augen waren gehalten, sodass sie ihn nicht erkannten. [17] Er fragte sie: Was sind das für Dinge, über die ihr auf eurem Weg miteinander redet? Da blieben sie traurig stehen, [18] und der eine von ihnen – er hieß Kleopas – antwortete ihm: Bist du so fremd in Jerusalem, dass du als Einziger nicht weißt, was in diesen Tagen dort geschehen ist? [19] Er fragte sie: Was denn? Sie antworteten ihm: Das mit Jesus aus Nazaret. Er war ein Prophet, mächtig in Tat und Wort vor Gott und dem ganzen Volk. [20] Doch unsere Hohepriester und Führer haben ihn zum Tod verurteilen und ans Kreuz schlagen lassen. [21] Wir aber hatten gehofft, dass er der sei, der Israel erlösen werde. Und dazu ist heute schon der dritte Tag, seitdem das alles geschehen ist. [22] Doch auch einige Frauen aus unserem Kreis haben uns in große Aufregung versetzt. Sie waren in der Frühe beim Grab, [23] fanden aber seinen Leichnam nicht. Als sie zurückkamen, erzählten sie, es seien ihnen Engel erschienen und hätten gesagt, er lebe. [24] Einige von uns gingen dann zum Grab und fanden alles so, wie die Frauen gesagt hatten; ihn selbst aber sahen sie nicht. [25] Da sagte er zu ihnen: Ihr Unverständigen, deren Herz zu träge ist, alles zu glauben, was die Propheten gesagt haben. [26] Musste nicht der Christus das erleiden und so in seine Herrlichkeit gelangen? [27] Und er legte ihnen dar, ausgehend von Mose und allen Propheten, was in der gesamten Schrift über ihn geschrieben steht. [28] So erreichten sie das Dorf, zu dem sie unterwegs waren. Jesus tat, als wolle er weitergehen, [29] aber sie drängten ihn und sagten: Bleibe bei uns; denn es wird Abend, der Tag hat sich schon geneigt! Da ging er mit hinein, um bei ihnen zu bleiben. [30] Und es geschah, als er mit ihnen bei Tisch war, nahm er das Brot, sprach den Lobpreis, brach es und gab es ihnen. [31] Da wurden ihre Augen aufgetan und sie erkannten ihn; und er entschwand ihren Blicken. [32] Und sie sagten zueinander: Brannte nicht unser Herz in uns, als er unterwegs mit uns redete und uns den Sinn der Schriften eröffnete? [33] Noch in derselben Stunde brachen sie auf und kehrten nach Jerusalem zurück und sie fanden die Elf und die mit ihnen versammelt waren. [34] Diese sagten: Der Herr ist wirklich auferstanden und ist dem Simon erschienen. [35] Da erzählten auch sie, was sie unterwegs erlebt und wie sie ihn erkannt hatten, als er das Brot brach. (Lk 24,13–35)

1 Hört aufmerksam zu, wenn eure Lehrerin oder euer Lehrer die Erzählung vorträgt.

2 Welchen Weg gehen die zwei Jünger – und was erleben sie dabei?
- a Lies die Erzählung still für dich. Notiere dabei auf einem Zettel alle Ortshinweise, die dir auffallen. Schreibe jeweils die Verszahl dazu.
- b Findet euch zu dritt zusammen und vergleicht eure Beobachtungen. Sammelt Ideen, wie ihr den Weg der Jünger darstellen könnt. Folgende Fragen helfen euch weiter: Wo startet die Reise? – Was passiert unterwegs? – Welches Ziel erreichen sie? – Wohin geht die Reise jetzt noch?
- c Zeichnet euer Wegbild auf ein Plakat. Malt dabei auch Figuren oder Gegenstände auf. Ergänzt in Stichworten, welche wichtigen Ereignisse auf den Stationen des Weges passieren.
- d Stellt eure Wegbilder vor. Stimmt zum Schluss ab, welches am besten zur Erzählung passt.

3 *Thomas Zacharias: Gang nach Emmaus (1966)*

3 Der Künstler Thomas Zacharias hat die Geschichte der zwei Jünger in einem Farbholzschnitt gestaltet.

- **a** Konzentriere dich für eine Minute still auf das Bild. Betrachte es möglichst genau.
- **b** Sammelt in der Lerngruppe eure Entdeckungen zu Aufbau, Farben und Formen. Jedes Gruppenmitglied soll nur eine einzige Beobachtung mitteilen. Beginnt immer mit: Ich sehe …

4 Stell dir vor, du sollst eine Schulbibel durch Bilder ergänzen. Würdest du das Motiv von Thomas Zacharias auswählen, um die Emmausgeschichte zu illustrieren? Begründet eure Meinungen.

5 Werde selbst zur Künstlerin oder zum Künstler. Wie würdest du darstellen, was mit den Jüngern geschehen ist?

- **a** Lies noch einmal die Verse 31, 32 und 33. Wähle einen der drei Verse aus und schreibe ihn an den unteren Rand eines leeren Blattes.
- **b** Male nun auf das Blatt dein Bild zum Vers. Verwende – wenn möglich – Farbkreiden. Du kannst selbst entscheiden, ob du Figuren darstellen oder ein abstraktes Bild malen möchtest.
- **c** Wenn ihr wollt, könnt ihr einige eurer Kunstwerke präsentieren. Bild für Bild teilen die Betrachter mit, was ihnen auffällt. Dann sagt der Künstler oder die Künstlerin, was ihm oder ihr am Bild wichtig ist.

Ein Kreuz zieht sich um

In vielen Kirchen steht in der Nähe des Altars ein großes Kreuz. In manchen Kirchen gibt dieses Kreuz Auskunft über die jeweilige Zeit des Kirchenjahres. Besonders in der Zeit bis ↗Ostern macht das Kreuz viele verschiedene Wandlungen durch. Es wird dem Anlass entsprechend „umgezogen".

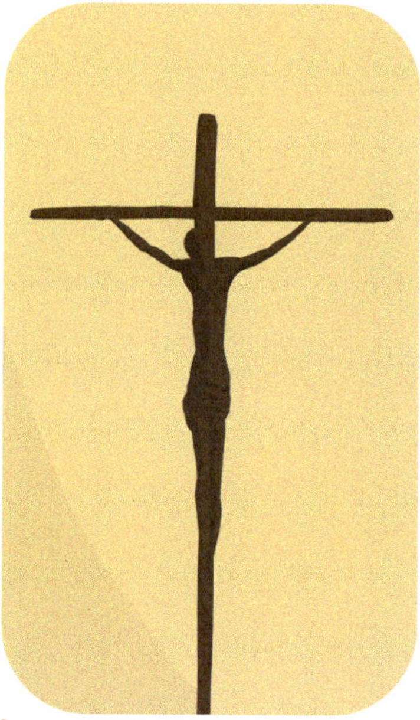

A

So sieht das Kreuz an „normalen" Sonntagen im Kirchenjahr aus.

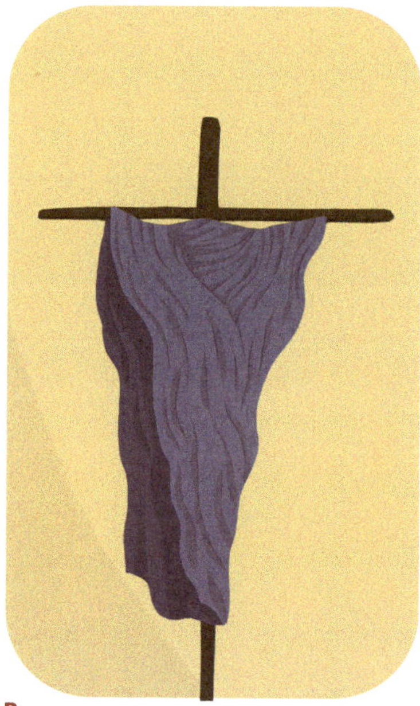

B

Mit dem Aschermittwoch beginnt die Fastenzeit, die 40 Wochentage umfasst. Während der Fastenzeit bereiten sich die Christinnen und Christen auf Ostern vor. Am fünften Fastensonntag, wenn die ↗Passion näher rückt, wird das Kreuz verhüllt.

C

Am Palmsonntag, dem Beginn der Karwoche, wird das Kreuz enthüllt und mit Palmzweigen geschmückt. Danach wird es wieder verhüllt. Der Palmsonntag erinnert an Jesu feierlichen Einzug in Jerusalem, wo er kurz darauf gekreuzigt wurde.

1 Wie verwandelt sich das Kreuz?
- **a** Betrachte die sechs Bilder und beachte die Unterschiede.
- **b** Beschreibt euch gegenseitig, was jeweils mit dem Kreuz passiert.
- **c** Je nach Anlass wird das Kreuz verhüllt oder enthüllt. Sammelt eure Einfälle, was beides bedeuten kann.

2 In der Zeit bis Ostern besinnen sich Christinnen und Christen auf Jesu Tod und ↗Auferstehung.
- **a** Übertrage den Kalender (Seite 77) ins Heft.
- **b** Im Kalender findest du besondere Tage, die mit Zahlen beschriftet sind. Notiere die Ziffern untereinander und schreibe den passenden Festtag dazu. Die Texte unter den Bildern helfen dir dabei.
- **c** Arbeitet zu zweit: Einigt euch, welche Aussage zu welchem Festtag gehört: Tag der Grabesruhe – Tod Jesu am Kreuz – Jesu Einzug in Jerusalem – Erinnerung an den Gang nach Emmaus – Beginn der Fastenzeit – Fest der Auferstehung Jesu – Erinnerung an das letzte Abendmahl Jesu mit seinen Jüngern.

D

Auf den Gründonnerstag, an dem das letzte Abendmahl Jesu gefeiert wird, folgt der Karfreitag. Er ist für Christinnen und Christen der dunkelste Tag des Jahres und erinnert an Jesu Sterben am Kreuz. Das Kreuz wird am Todestag Jesu vor der Gemeinde feierlich enthüllt und ganz besonders verehrt.

E

Der Karsamstag als Tag der Stille mündet in die Osternacht, in der Christinnen und Christen feiern, dass Jesus von den Toten auferstanden ist und lebt.
Am Ostersonntag dann darf das Kreuz sein schönstes Festtagskleid anziehen. Es wird geschmückt und steht neben einer Osterkerze.

F

In manchen Gegenden wird das geschmückte Kreuz am Ostermontag aus der Kirche auf Straßen und Felder hinausgetragen, um die Osterfreude auszudrücken.

			1				Erster Fastensonntag						
Zweiter Fastensonntag							Dritter Fastensonntag						
Vierter Fastensonntag							Fünfter Fastensonntag						
2				3	4	5	6	7					

d Überprüft eure Ergebnisse in der Lerngruppe.

e Außer dem Karsamstag sind allen Tagen im Kirchenjahr bestimmte Farben zugeordnet. Klärt gemeinsam, welche Farbe zur Fastenzeit und welche zur Osterzeit gehört. Sammelt dann Ideen, warum einige Tage, die zur Fastenzeit gehören, farblich aus der Reihe fallen.

3 In jeder Messe folgen die Gläubigen dem Auftrag Jesu, jenes Mahl zu feiern, das er mit seinen Jüngern am Abend vor seinem Tod begangen hat. Dabei bekennen die Feiernden in einem einzigen Satz, den ihr auf Seite 666 (Nr. 588.5) im „Gotteslob“ findet, das „Geheimnis“ ihres Glaubens. Schreibt den Satz an die Tafel und klärt mit eurer Lehrkraft, was er mit den oben beschriebenen Tagen zu tun hat und warum er in jeder Eucharistiefeier gesprochen wird.

Jesu Passion in Bildern

Bekannt und doch anders

Du hast dich intensiv damit befasst, was die Bibel von Jesu Tod und Auferstehung erzählt und wie Christinnen und Christen sich in der Fasten- und ↗Osterzeit feierlich daran erinnern. Dabei hast du auch entdeckt, wie Künstlerinnen und Künstler Jesu Tod und ↗Auferstehung darstellen. Auf dieser Seite erzählt der Maler Stefan Weyergraf die ↗Passionsgeschichte in ganz besonderen Bildern: Der Leidensweg Jesu wird nicht von außen dargestellt, sondern der Maler blickt durch Jesu Augen auf das Geschehen in Jerusalem.

A

B

C

1 Schau dir die drei Bilder aus der Leidensgeschichte Jesu aufmerksam an: Wer kommt vor? Welche Szene ist dargestellt?

a Ordne jedem Bild das passende Bibelzitat zu: „Mein Gott, mein Gott, warum hast du mich verlassen?" (Mt 27,46) – „Das ist der ↗Prophet Jesus von Nazaret in Galiläa." (Mt 21,11) – „Von jetzt an werde ich nicht mehr von dieser Frucht des Weinstocks trinken, bis zu dem Tag, an dem ich mit euch von Neuem davon trinke im Reich meines Vaters." (Mt 26,29) Schreibe die Bildbuchstaben mit den dazugehörigen Versangaben in dein Heft.

b Suche zu jedem Bild den Festtag, an dem sich Christinnen und Christen an das dargestellte Ereignis erinnern. Folgende Festtage stehen zur Auswahl: Karfreitag, Aschermittwoch, Gründonnerstag, Ostermontag, Palmsonntag. Notiere den richtigen Festtag hinter Bildbezeichnung und Versangabe.

2 Wähle eines der drei Bilder aus und beschreibe möglichst genau, was Jesus sieht.

3 Vertiefe dich in das Bild. Überlege dann, welches der vier Adjektive die Wirkung dieses Kunstwerkes auf dich am besten beschreibt: befremdlich – faszinierend – überraschend – ärgerlich. Begründe deine Wahl in einem Satz.

Neu und unerwartet

Die evangelische Gemeinde der fränkischen Stadt Ebern nahm an einem Projekt teil: Zwölf Künstlerinnen und Künstler schufen für zwölf der wichtigsten Bibeltexte im Kirchenjahr ein Werk. Für die Kirche in Ebern sollte Gerhard Rießbeck ein Bild zum Leiden und Sterben Jesu nach dem Lukas-Evangelium gestalten. Schließlich brachte Rießbeck an der Kirchendecke eine Scheibe von 2,10 m Durchmesser an – mit diesem ungewöhnlichen Motiv:

4 *Gerhard Rießbeck: Jesu Kreuzigung und Tod (2014)*

4 Das Motiv der Dornenkrone und der fünf bunten Luftballons vor einem Wolkenhimmel war in der Kirchengemeinde sehr umstritten. Ein Jahr lang war das Kunstwerk in der Kirche zu sehen. Während dieser Zeit sollten sich die Gemeindemitglieder entscheiden, ob das Bild bleiben soll. In einer Versammlung wollte man schließlich darüber abstimmen.

a Unter den Gemeindemitgliedern wurde viel über das Deckenbild diskutiert. Nenne ein Argument, warum das Bild in der Kirche bleiben soll, und ein Argument dagegen.

b Verfasse eine kurze E-Mail (ca. vier Sätze) an den Kirchenvorstand von Ebern. Lege in dieser E-Mail dar, ob du für oder gegen den Verbleib dieses Kunstwerks bist.

Von der Auferstehung bewegt

Die ↗Auferstehung Jesu bewegt bis heute Menschen auf der ganzen Welt und inspiriert Künstlerinnen und Künstler zu außergewöhnlichen Werken. In München Riem hat die Berliner Künstlerin Hella De Santarossa ein Auferstehungsfenster für die Kirche St. Florian gestaltet. Mit über 17 Metern Breite und fast 7 Metern Höhe gilt es als größtes bemaltes Fenster Europas.

Unterwegs: Wie wichtig ist Ihnen persönlich die Auferstehung Jesu?

Hella De Santarossa: Die Auferstehung ist mir das Wichtigste in der christlichen Religion. Sie gibt mir Kraft, Power und Lust am Leben. Und sie hilft mir, daran zu glauben, dass mit dem Tod nicht alles vorbei ist.

Unterwegs: Wie wird aus dem Glauben an die Auferstehung Jesu Kunst beziehungsweise diese Fensterwand?

Hella De Santarossa: Ich habe ein Kraftwerk Gottes gestaltet. Es soll die Kraft Gottes zeigen, der die Auferstehung ermöglicht. Ich durchlebe während der Entwicklungszeit des Fensters selbst die Auferstehung. Ich denke dabei an nichts anderes als an das Licht.

Unterwegs: Wie haben Sie für das Auferstehungsfenster Ideen gesammelt?

Hella De Santarossa: Ich denke Tag und Nacht über die Idee nach und hole mir Bücher mit Abbildungen über das Thema Auferstehung. Parallel dazu diskutiere ich mit christlichen ↗Theologen. Bei dieser Fensterwand hat mich auch zeitweise ein Astronom begleitet.

Unterwegs: Stellen Sie sich folgende Situation vor: Ein Mensch, der nicht an Jesus und die Auferstehung glaubt, sieht Ihr Werk. Was soll er oder sie erkennen?

1 Vertiefe dich einige Minuten in das abgebildete Kirchenfenster: Was kommt dir dabei in den Sinn?

a Notiere Nomen und Adjektive, die dir spontan einfallen. Setze zwei dieser Wörter so zusammen, dass sie deinen Bildeindruck ausdrücken (z. B. fenstergelb, Lichtmeer).

b Nennt reihum eure zusammengesetzten Wörter.

Hella De Santarossa: Der Betrachter des Werks soll das Licht, die Kraft und die Energie wahrnehmen. Die hellen Farben des Fensters helfen ihm dabei. Es soll auch die Überwindung des Bösen und die Gegenwart eines wunderbaren Lichtes ausstrahlen. Das Dunkle und die Hoffnungslosigkeit können gegen dieses Lichtwerk nichts bewirken. Das sollen die Betrachter spüren.

Unterwegs: Was möchten Sie den Lesern dieses Schulbuches über das Fenster sagen?

Hella De Santarossa: Die ↗ Auferstehung Jesu von den Toten hat Kraft und wirkt bis heute auf Menschen.

5 *Hella De Santarossa: Auferstehungsfenster in St. Florian, Messestadt München Riem (2005)*

2 Was macht dieses Fenster eigentlich zu einem Auferstehungsbild? Sammelt gemeinsam viele unterschiedliche Ideen.

3 Im Interview spricht die Künstlerin Hella De Santarossa über ihr Auferstehungsfenster.
   a Lest das Gespräch in verteilten Rollen vor.
   b Tauscht euch aus, welche Sätze der Künstlerin ihr am interessantesten findet.

4 In der Osterwoche 2017 verbreitete Papst Franziskus die Kurznachricht: „Wenn Christus auferstanden ist, können wir jedes Ereignis in unserem Leben mit neuen Augen und Herzen sehen, auch die negativsten!“
   a Schreibe das Zitat in die Mitte eines Blattes und nimm dir Zeit, über den Ausspruch nachzudenken. Notiere rundherum deine Gedanken und Fragen.
   b Wie stehst du zur Aussage von Papst Franziskus? Stellt euch vor, dass quer durch euren Klassenraum eine Meinungslinie reicht, die von „ich stimme voll zu“ über „ich bin unentschieden“ bis „ich stimme gar nicht zu“ reicht. Stelle dich auf den Punkt der Linie, der deiner Meinung entspricht.
   c Vervollständigt nun der Reihe nach folgenden Satzanfang: „Ich stehe hier, weil …“.
   d Wohin würde sich wohl Hella De Santarossa stellen? Besprecht eure Einschätzungen.

Gesten der Hoffnung

Dieses Kapitel startete mit vier Bildern, die Leid und Trauer thematisierten (siehe Seite 60/61). Wie aber lässt sich Hoffnung ausdrücken? Dazu kann man sprechen, schreiben, malen. Aber es gibt auch ganz unmittelbare Gesten der Hoffnung, die ihr auf dieser Doppelseite entdecken könnt.

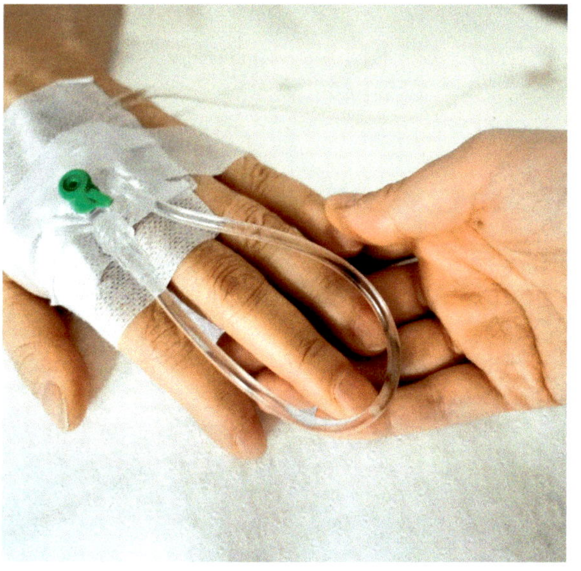

A

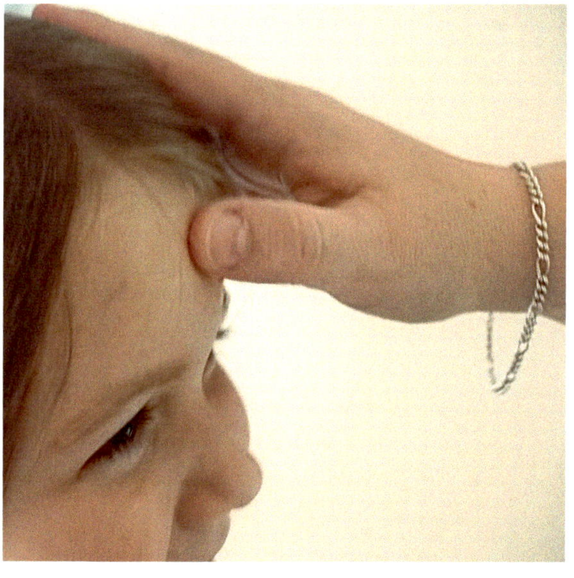

B

C

1 Mein Foto – mein Satz!
- a Lass jedes der Fotos A bis F auf dich wirken.
- b Wähle das Foto aus, in dem für dich Hoffnung am besten zum Ausdruck kommt.
- c Zeichne mit wenigen Bleistiftstrichen ins Heft, was auf dem Foto zu sehen ist.
- d Welche Worte der Hoffnung passen zu deinem Foto? Überlege dir einen Spruch oder Satz und schreibe ihn zu deiner Skizze ins Heft.
- e Wer will, kann nun sein Foto und den eigenen Text dazu in der Lerngruppe vorstellen. Hört aufmerksam zu, ohne über die Beiträge zu diskutieren.

D

E

F

2 Wir finden eigene Gesten der Hoffnung.

a Bildet Gruppen und sammelt Ideen, wie sich Hoffnung auch anders ausdrücken lässt, als dies auf den Fotos zu sehen ist.

b Entscheidet euch für eine Idee und überlegt, wie ihr sie in einem Standbild darstellen könnt.

c Präsentiert eure Standbilder in der Lerngruppe.

Zwei Leben

Ich glaube nicht, dass es Zufälle gibt. Und deshalb glaube ich auch nicht, dass dieser Unfall einfach so passiert ist, weil so etwas nun mal passiert. Früher bin ich oft wie selbstverständlich davon ausgegangen, dass Gott auf mich aufpasst und mir schon nichts Schlimmes passieren würde. Inzwischen ist mir klar geworden, dass die Sache so nicht läuft. Jeden Tag geschehen Leuten schlimme Sachen. Jeden Tag gibt es allein in Deutschland fünf neue Querschnittgelähmte, und Gott verhindert das nicht. Vielleicht verfolgt er damit sogar ein bestimmtes Ziel; vielleicht stimmt es auch, was in der Bibel steht: „Denen, die Gott lieben, müssen alle Dinge zum Besten dienen." (Römer 8,28) Das verstehe ich so, dass Gott auch aus schlechten Ereignissen letztlich etwas Gutes machen kann.
Wie das in meinem Fall aussehen soll, weiß ich allerdings nicht. Ich bin immer noch mit Gott darüber im Gespräch und habe noch keine richtig zu Ende gedachten Antworten auf die Frage nach dem „Warum?", oder besser: „Wozu?"

Samuel Koch

1 Samuel Koch verletzte sich 2010 während einer Fernsehsendung bei einer akrobatischen Wette so schwer, dass er seitdem ab dem Hals querschnittsgelähmt ist und im Rollstuhl sitzt. Seine Erfahrungen mit dem Unfall hat er in einem Buch verarbeitet.
- a Lies Samuel Kochs Gedanken zweimal aufmerksam durch. Schreibe einen Satz auf, der dich nachdenklich macht.
- b Lest eure Sätze reihum vor. Macht dazwischen jeweils eine winzige Nachdenkpause.
- c Findet euch in Dreiergruppen zusammen und ergänzt folgende Satzanfänge: Früher war sich Samuel Koch sicher, dass Gott … – Jetzt fragt er sich, warum Gott … – Er denkt: Vielleicht ist es ja so, dass Gott …
- d Tauscht euch in der Lerngruppe über eure Ergebnisse aus.
- e Was meint ihr zu Samuel Kochs Gedanken, dass Gott vielleicht ja doch …? Diskutiert in der Lerngruppe.

4 Begeisterung des Anfangs

Christliches Gemeindeleben

Den frühen Christinnen und Christen auf der Spur

Wie konnte aus einer kleinen Gruppe am Rande des Römischen Reiches eine Weltreligion werden? Was steckt hinter dem Christentum, sodass es bis heute Menschen fasziniert?
Das Christentum begann als kleine Gemeinschaft von Freunden und Verwandten Jesu und zählt heute über zwei Milliarden Menschen weltweit. Was ist da eigentlich am Anfang passiert? Wir können niemanden mehr befragen, der damals lebte. Es gibt keine Fotos oder Filme, die wir anschauen könnten. Texte, Bilder und Gegenstände, die ausgegraben oder zufällig entdeckt wurden, erlauben uns jedoch einen Blick in diese Zeit. Solche Fundstücke werden euch in diesem Kapitel begegnen. Wie Archäologinnen und Archäologen könnt ihr das frühe christliche Leben erforschen.
Zunächst erkundet ihr in den Hinwegen, was die Bibel vom Ursprung dieser Gemeinschaft erzählt. In den Durchgängen beleuchtet ihr, wie die frühen Christinnen und Christen lebten, worüber und wofür sie stritten und woran ihr Herz hing. In den Ausblicken könnt ihr entdecken, wie sich das Christentum verbreitete und als Religion im Römischen Reich durchsetzte.

1 *Mosaik (Hinton St. Mary/England, 5./6. Jahrhundert)*

2 *Bronzelampe (Augsburg, 5. Jahrhundert)*

1 Die auf dieser Doppelseite abgebildeten Gegenstände sind über 1500 Jahre alt und erzählen von der Zeit des frühen Christentums.
- **a** Betrachtet zu zweit die sechs Fotos. Schildert abwechselnd, welche Zeichen ihr darauf entdecken könnt. Schaut ganz genau hin.
- **b** Sammelt an der Tafel alle Zeichen, die ihr gefunden habt.
- **c** Viele Zeichen verweisen auf den Mittelpunkt christlichen Glaubens: auf Jesus ↗Christus. Versucht gemeinsam, zu folgenden Aussagen das jeweils passende Zeichen zu finden: Anfangsbuchstaben Christi in griechischer Schrift – Hinweis auf ein Gleichnis Jesu – Christus als Anfang und Ende – Christus als Retter der Menschen – Christus als kostbare Perle – ein Tier, das ein Glaubensbekenntnis ausdrückt.

3 *Grabstein (Karthago, 3./4. Jahrhundert)*

4 *Silberplakette (Water Newton/England, 4. Jahrhundert)*

5 *Grabinschrift (Regensburg, 5./6. Jahrhundert; Inschrift: Der in Christus wohlverdienten Sarmannana, die in Frieden ruht, den ↗ Märtyrern beigesellt)*

6 *Grabpfeiler (Rom, 3. Jahrhundert; Inschrift: Den Totengöttern / Fisch der Lebenden / Licinia Amias, wohlverdient, sie lebte)*

d Zeichne zwei Zeichen in dein Heft, die du besonders interessant findest.

2 Was will ich über die frühen Christinnen und Christen wissen?

a Formuliere eine Frage, die dir besonders wichtig erscheint.

b Fasst eure Fragen übersichtlich auf einem Plakat zusammen. Hängt es auf und überprüft im Laufe des Kapitels regelmäßig, welche Fragen bereits beantwortet wurden.

3 Das Eingangsbild (Seite 85) verweist auf ein christliches Fest.

a Schaut euch das Bild an und teilt mit, was euch daran auffällt oder verwundert.

b Lasst euch Lk 24,50–53 aus der Bibel vorlesen.

c Passt das Bild zu dieser Erzählung? Begründet eure Meinungen.

d Zwischen welchen großen Festen liegt Christi Himmelfahrt? Sammelt Vermutungen und überprüft sie. Der Lexikonartikel zu Ostern/↗ Osterfestkreis hilft euch weiter.

Lukas erzählt eine eigenartige Geschichte

Völlig enttäuscht sind die Jüngerinnen und Jünger zunächst, nachdem Jesus hingerichtet worden war. Eilig verlassen viele von ihnen den Ort des Schreckens. Alles scheint sinnlos. Dann aber geschieht Unglaubliches. Immer mehr Jüngerinnen und Jüngern wird klar: Gott hat Jesus nicht im Stich gelassen. Er hat ihn auferweckt. Sie kehren zurück nach Jerusalem und treffen sich regelmäßig.

[1] Als der Tag des Pfingstfestes gekommen war, waren alle zusammen am selben Ort. [2] Da kam plötzlich vom Himmel her ein Brausen, wie wenn ein heftiger Sturm daherfährt, und erfüllte das ganze Haus, in dem sie saßen. [3] Und es erschienen ihnen Zungen wie von Feuer, die sich verteilten; auf jeden von ihnen ließ sich eine nieder. [4] Und alle wurden vom Heiligen Geist erfüllt und begannen, in anderen Sprachen zu reden, wie es der Geist ihnen eingab. [5] In Jerusalem aber wohnten Juden, fromme Männer aus allen Völkern unter dem Himmel. [6] Als sich das Getöse erhob, strömte die Menge zusammen und war ganz bestürzt; denn jeder hörte sie in seiner Sprache reden. [7] Sie waren fassungslos vor Staunen und sagten: Seht! Sind das nicht alles Galiläer, die hier reden? [8] Wieso kann sie jeder von uns in seiner Muttersprache hören: [9] Parther, Meder und Elamiter, Bewohner von Mesopotamien, Judäa und Kappadokien, von Pontus und der Provinz Asien, [10] von Phrygien und Pamphylien, von Ägypten und dem Gebiet Libyens nach Kyrene hin, auch die Römer, die sich hier aufhalten, [11] Juden und Proselyten, Kreter und Araber – wir hören sie in unseren Sprachen Gottes große Taten verkünden. [12] Alle gerieten außer sich und waren ratlos. Die einen sagten zueinander: Was hat das zu bedeuten? [13] Andere aber spotteten: Sie sind vom süßen Wein betrunken.

(Apg 2,1–13)

1 Was ist denn das für eine Geschichte, auf die sich Christinnen und Christen alljährlich an ↗Pfingsten besinnen?
- **a** Lest Apg 2,1–13 zwei Mal laut vor und wechselt euch dabei von Vers zu Vers ab.
- **b** Was fällt euch ein und auf, wenn ihr die Geschichte hört? Äußert euch in einer Blitzlichtrunde (vgl. Aufgabe 2 auf Seite 58).

2 Manche sagen, die Pfingstgeschichte erzähle ein Sprachenwunder.
- **a** Lies Apg 2,1–13 noch einmal still für dich durch und schreibe die Verse ins Heft, in denen es um Sprechen oder Sprachen geht.
- **b** Schreibe einen eigenen Satz darunter, der ausdrückt, was hier von den Sprachen erzählt wird.
- **c** Besprecht eure Ergebnisse in der Lerngruppe.
- **d** Was könnten die ersten Christinnen und Christen als Sprachenwunder erlebt haben? Sammelt Ideen.

3 Rechts siehst du, wie sich ein Maler des 16. Jahrhunderts das Pfingstereignis vorgestellt hat.
- **a** Schau dir das Bild kurz an und fasse deinen ersten Eindruck in ein Adjektiv.
- **b** Betrachtet das Bild von verschiedenen Seiten. Beschreibt dann von innen nach außen, was ihr entdecken könnt. Überlegt miteinander, an welchem Ort sich das Bild befinden könnte.
- **c** Denkt euch unterschiedliche Titel aus, die gut zu diesem Pfingstbild passen.

4 Petrus ergreift das Wort, um zu erklären, was eben geschehen ist. Lasst euch zunächst Apg 2,14–21 vortragen.
- **a** Mit ↗Pfingsten hat sich für Petrus das Wort des ↗Propheten Joël (vgl. Bibeltext auf Seite 89) erfüllt. Schreibe diesen Satz ins Heft.
- **b** Was hier gesagt wird, ist ziemlich ungewöhnlich. Umschreibt es mit eigenen Worten.

7 *Carlo Urbino: Pfingsten (ca. 1565)*

Eure Söhne und Töchter werden prophetisch reden,
eure jungen Männer werden Visionen haben,
und eure Alten werden Träume haben.
(Apg 2,17b; vgl. Joël 3,1b)

c ↗Propheten sind Menschen, durch die Gott etwas Wichtiges sagt. Welche wichtige Mitteilung könnten Kinder und Jugendliche heutzutage haben, um als Propheten gehört zu werden? Denke dir eine Aussage aus und notiere sie unter das Prophetenwort ins Heft. Tauscht euch dann über eure Vorschläge aus.

5 Mit Bezug auf König David entfaltet Petrus in Apg 2,22–36 ein Glaubensbekenntnis.
  a Nimm eine Bibel zur Hand und lies nach.
  b Klärt mit eurer Lehrkraft Aussagen, die euch schwer verständlich sind.
  c Wähle einen kurzen Satz aus, der für das Bekenntnis des Petrus entscheidend ist, und schreibe ihn auf.
  d Begründet eure Auswahl in der Lerngruppe.

Wind und Feuer

A

[2] Da kam plötzlich vom Himmel her ein Brausen, wie wenn ein heftiger Sturm daherfährt, und erfüllte das ganze Haus, in dem sie saßen. [3] Und es erschienen ihnen Zungen wie von Feuer, die sich verteilten; auf jeden von ihnen ließ sich eine nieder. (Apg 2,2 f.)

1 Eines ist meines.
   a Betrachte die Bilder A und B. Entscheide spontan, welches dich selbst mehr anspricht.
   b Schreibe vier einzelne Wörter auf, die du mit dem ausgewählten Bild verbindest. In der Wahl der Wortart (Verben, Nomen oder Adjektive) bist du völlig frei.

2 Legt zwei große Plakate auf den Boden und schreibt in die Mitte des einen „Wind“ und in die Mitte des anderen „Feuer“. Teilt mit, welche Wörter ihr gefunden habt, und schreibt sie auf die passenden Plakate. Jetzt könnt ihr weitere Wörter ergänzen, die euch noch einfallen.

3 Oftmals umschreiben Christinnen und Christen den Geist Gottes in den Bildern von Wind und Feuer.
   a Überlegt, welche eurer Wörter besonders gut zum Geist Gottes passen, und unterstreicht sie.

B

Feuersturm
Der Wind frischt auf,
lässt die Flammen tanzen.
Feuersturm
Zerstört, bedroht, brennt alles nieder,
doch erhellt zugleich die Nacht,
verdrängt die Angst und hält dich warm.
Feuersturm
Der Wind frischt auf.

Luisa, Sabrina

b Auch die Pfingsterzählung erzählt in Apg. 2,2 f. von Wind und Feuer. Schreibe beide Verse ins Heft.

c Zweimal begegnet in Apg 2,2 f. das Wort „wie". Besprecht, was es bedeuten könnte.

4 Ganz anders als in der Bibel begegnen Feuer und Wind in einem Gedicht, das zwei 16-jährige Schülerinnen verfasst haben.

a Sprecht euch dieses Gedicht zu zweit vor. Versucht dabei, einen guten Rhythmus zu finden.

b Besprecht in der Lerngruppe: Was gefällt oder befremdet uns an diesem Text? In welche Lebenssituationen könnte er gut passen?

Historische Zeiträume und Zeitpunkte veranschaulichen

Wann kommst du? Wann haben wir Mathe? Wie lange dauert es noch? Ein Blick auf die Uhr regelt den Tagesablauf eines Menschen. Minuten und Stunden ordnen seinen Tag. Neben der Uhr orientiert sich der Mensch am Kalender, der in Tagen, Wochen, Monaten und Jahren rechnet. Wie aber verschafft man sich einen Überblick über viel größere Zeiträume, in denen Generationen von Menschen gelebt haben? Ein Kalender hilft nicht weiter; wir brauchen eine Zeitachse oder Zeitleiste, die die menschliche Geschichte überschaubar in Jahrhunderte und Jahrtausende einteilt:

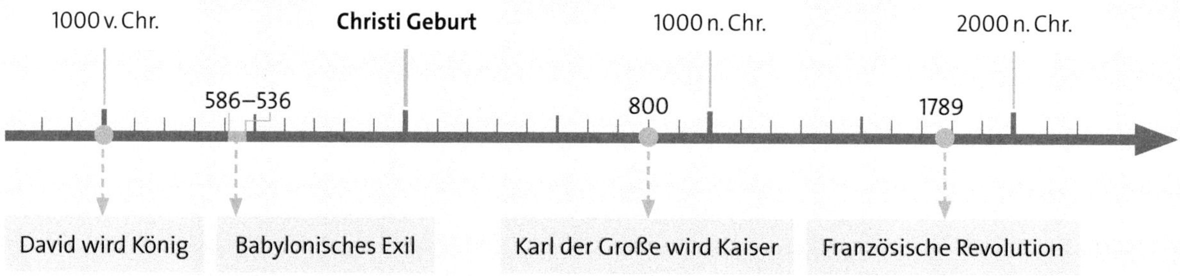

Auf einer Zeitachse werden alle geschichtlichen Ereignisse von der Geburt Christi aus datiert. Alle Jahre danach werden fortlaufend gezählt und können mit dem Kürzel „n. Chr." (nach Christus) versehen werden. Die Jahre davor werden dagegen rückwärts eingetragen und müssen mit dem Hinweis „v. Chr." (vor Christus) markiert werden. Als markantes Ereignis trennt Christi Geburt die Geschichte der Menschheit in zwei Zeiträume. Darum wird sie auch als eine Zeitenwende bezeichnet.

Der geschichtliche Zeitraum, mit dem sich dieses Kapitel befasst, liegt auf der Zeitachse kurz nach Christi Geburt; jedoch haben die frühen Christinnen und Christen ihre Zeit noch nicht so eingeteilt. Erst 500 Jahre später kam ein Mönch auf die Idee, die Jahre von Christi Geburt an zu zählen. Diese Zählung ist für weite Teile der Welt heute selbstverständlich. Es gibt aber auch andere Zeitrechnungen: Als beispielsweise nach christlicher Zählung das Jahr 2000 gefeiert wurde, schrieb man im Judentum das Jahr 5760 und im Islam das Jahr 1420.

1. Schritt: Anfang und Ende bestimmen – Zeitleiste zeichnen

Eine Zeitleiste wird als waagrechte Linie gezeichnet, in der einheitliche Zeitabstände eingetragen sind. Oben siehst du ein Beispiel, das mehr als drei Jahrtausende umfasst. Wenn nur der Zeitraum des frühen Christentums sichtbar werden soll, genügt es, die Leiste mit Christi Geburt beginnen und mit dem Jahr 500 enden zu lassen.

Ein Blick in die Anfänge des Christentums

Kurz vor der Zeitenwende wurde Jesus von Nazaret geboren. Wenige Jahre seines Lebens wirkte er als jüdischer Wanderprediger und verkündete die Herrschaft Gottes, bevor er im Jahr 30 unter Pontius Pilatus in Jerusalem gekreuzigt wurde.
Rasch waren sich seine Jüngerinnen und Jünger gewiss, dass Jesus von den Toten auferstanden ist. Sie bildeten Gemeinschaften, brachen miteinander das Brot und gewannen immer mehr Anhängerinnen und Anhänger für ihre neue Lehre. Zu ihnen gehörte auch Paulus, der die Christusbotschaft in heidnischen Gebieten verkündete und um 50 mit dem 1. Brief an die Thessalonicher die älteste Schrift verfasste, die im Neuen Testament überliefert ist.

2. Schritt: Daten recherchieren

Bevor du deine Zeitleiste beschriften kannst, musst du über den betreffenden Zeitraum einiges wissen. Am Anfang steht also immer eine sorgfältige Recherche: Du kannst in Lexika, Sachbüchern und auf verlässlichen Internetseiten nachlesen oder Fachleute befragen. Wissenschaftlerinnen und Wissenschaftler dagegen erforschen alte Quellen, um herauszubekommen, was in der Vergangenheit geschehen ist und was den Menschen damals wichtig war.

3. Schritt: Daten auswählen

Nun musst du entscheiden, welche Ereignisse oder Personen so wichtig für den von dir untersuchten Zeitraum sind, dass ihr Datum auf deiner Zeitleiste vermerkt werden soll.

4. Schritt: Zeitleiste beschriften

Sobald du dich für einige hervorstechende Daten entschieden hast, kannst du mit der Beschriftung der Zeitleiste beginnen. Dabei musst du die ausgewählten Daten an der richtigen Stelle vermerken sowie knappe oder ausführlichere Beschriftungen formulieren. Wenn du magst, kannst du deine Zeitleiste mithilfe von Farben, Symbolen oder kleinen Zeichnungen noch anschaulicher gestalten. Natürlich kannst du nachträglich weitere Daten ergänzen, wenn du sie für wichtig hältst.

Nachdem das Apostelkonzil um das Jahr 48 strittige Fragen zur Heidenmission geklärt hatte, verbreitete sich das Christentum allmählich im gesamten Mittelmeerraum. Immer wieder wurden Christinnen und Christen wegen ihres Glaubens abgelehnt. Einen Höhepunkt bildete die Verfolgung unter Kaiser Decius um 250. Als Kaiser Konstantin das Christentum 313 mit den anderen Religionen in seinem Reich gleichstellte, wendete sich das Blatt. Ohne Furcht konnten sich Christinnen und Christen nun öffentlich engagieren. Im Jahr 325 berief Kaiser Konstantin das erste ökumenische Konzil in Nizäa ein. Hier entstand ein Glaubensbekenntnis, das Christinnen und Christen bis heute verbindet.

1 Fertige nun selbst eine Zeitleiste an.
- a Nimm ein kariertes DIN-A4-Blatt im Querformat und zeichne darauf mithilfe eines Lineals eine Zeitachse von 25 cm Länge, die von Christi Geburt bis ins Jahr 500 n. Chr. reicht.
- b Platziere Christi Geburt ganz links auf deiner Zeitachse. Trage dann im Abstand von jeweils 5 cm die Jahrhunderte ein. Ein Jahrzehnt macht auf dieser Zeitleiste also 5 mm aus.
- c Schreibe auf dein Blatt die Überschrift „Anfänge des Christentums“.

2 Arbeitet zu zweit, um euch einen Überblick über die Zeit des frühen Christentums zu verschaffen.
- a Lest den Informationstext „Ein Blick in die Anfänge des Christentums“ leise durch.
- b Sucht gemeinsam die wichtigen Daten im Text und haltet sie auf einem Notizzettel fest. Formuliert zu diesen Daten jeweils passende Beschriftungen.
- c Tragt alle Daten und Beschriftungen in eure Zeitleiste ein.
- d Vergleicht eure Zeitleiste mit der eines anderen Teams.

3 Erstelle zu Hause deine persönliche Zeitleiste. Sie soll von 1900 bis heute reichen.
- a Markiere auf der Zeitleiste dein Geburtsjahr. Informiere dich dann über das Geburtsjahr deines Vaters oder deiner Mutter sowie über das Geburtsjahr eines Opas und einer Oma. Trage alle Daten ein.
- b Überlege dir zwei geschichtliche Daten, die du in diesem Zeitraum für bedeutsam hältst, und ergänze sie in der Zeitleiste.
- c Tauscht euch zu Beginn der nächsten Unterrichtsstunde über eure Ergebnisse aus.

Lebensbeschreibungen früher Christinnen und Christen

In wenigen Jahrhunderten entstand aus der winzigen Zahl derer, die mit Jesus gelebt und seine Auferweckung erfahren hatten, eine Weltreligion. Was aber war so besonders an den frühen Christinnen und Christen, dass sie immer mehr Zulauf bekamen, aber auch viel Ablehnung erfuhren?

10 *Fresken in der Katakombe St. Marcellino und Pietro in Rom (4. Jahrhundert n. Chr.)*

1 Die alten Wandbilder (Abbildung 10) befinden sich in einer Katakombe, einem unterirdischen Friedhof der frühen Christinnen und Christen.

a Betrachtet beide Bilder und beschreibt, was ihr seht. Achtet besonders darauf, wer abgebildet ist, welches Verhältnis zwischen den Personen sichtbar wird und was sie tun.

b Die Bilder ähneln Passfotos der jungen christlichen Gemeinde. Was ist das Besondere der frühen Christinnen und Christen, so wie sie sich hier darstellen? Macht ein Brainstorming an der Tafel.

Die halten zusammen.

Die sondern sich ab.

Die sind glaubwürdig, die teilen wirklich.

Schau mal, die helfen.

Was essen die da bei ihren Treffen?

[42] Sie hielten an der Lehre der Apostel fest und an der Gemeinschaft, am Brechen des Brotes und an den Gebeten. [43] Alle wurden von Furcht ergriffen; und durch die Apostel geschahen viele Wunder und Zeichen.

[44] Und alle, die glaubten, waren an demselben Ort und hatten alles gemeinsam. [45] Sie verkauften Hab und Gut und teilten davon allen zu, jedem so viel, wie er nötig hatte. [46] Tag für Tag verharrten sie einmütig im Tempel, brachen in ihren Häusern das Brot und hielten miteinander Mahl in Freude und Lauterkeit des Herzens. [47] Sie lobten Gott und fanden Gunst beim ganzen Volk. Und der Herr fügte täglich ihrer Gemeinschaft die hinzu, die gerettet werden sollten. (Apg 2,42–47; vgl. auch Apg 4,32–37)

Die machen nicht mit.

Da sind Frauen und Männer, Sklaven und Freie einfach zusammen.

Die verherrlichen einen Verbrecher.

Die stehen zu ihrem Glauben.

Was die wohl so im Verborgenen tun?

2 In der Apostelgeschichte umschreibt Lukas das Leben der frühen Christinnen und Christen.

- **a** Lies den Text still für dich durch.
- **b** Einiges, was Lukas schreibt, ist in den beiden Bildern auf Seite 94 sichtbar. Was ist neu? Ergänzt euer Tafelbild.
- **c** Was in den Versen 44 f. zum eigenen Besitz steht, sorgt bis heute für heftigen Streit. Lest beide Verse laut vor und diskutiert, wie ihr es findet, dass zumindest viele der ersten Christinnen und Christen alles miteinander teilen.

3 Die Sprechblasen zeigen, was andere Menschen von den Christen hielten. Arbeitet in Dreiergruppen.

- **a** Lest euch alle Aussagen laut vor.
- **b** Übertragt die Sprechblasen auf ein Plakat. Gestaltet es so, dass deutlich wird, welche Leute positiv und welche negativ zum Christentum stehen.
- **c** Manche Aussagen sind schwer zu verstehen. Notiert zwei Fragen, die ihr klären wollt.

4 Warum waren manche Menschen von den Christen fasziniert – und andere überhaupt nicht? Besprecht eure Fragen in der Lerngruppe.

Petrus und Paulus – zwei prägende Personen

Simon Petrus

Es ist ↗Pfingsten. Ein Mann tritt in den Vordergund: Petrus. Er wird zu einem der wichtigsten Wortführer der ersten Christinnen und Christen, obwohl er Jesus kurz vor dessen Tod verleugnet hat. Wer war dieser Mann?
Petrus heißt eigentlich Simon. Er ist ein einfacher Mann und lebt als Fischer mit seiner Frau am See Gennesaret. Dort trifft er den Wanderprediger Jesus von Nazaret. Jesus fordert Simon als Allerersten auf, mit ihm zu gehen. Und Simon, der von Jesus den Beinamen „Petrus" (griechisch: Stein, Fels) erhält, lässt tatsächlich alles stehen und liegen und folgt Jesus nach.
Aber nicht nur Simon Petrus, sondern viele Männer und Frauen schließen sich Jesus an und ziehen mit ihm kreuz und quer durch Galiläa bis nach Jerusalem. Schon in diesem Kreis der Jüngerinnen und Jünger nimmt Petrus eine herausragende Rolle ein: Er wird zu ihrem Sprecher. Dennoch hält Petrus nicht zu Jesus, als dieser in Jerusalem gefangen genommen wird. Petrus bekommt Angst und verleugnet Jesus.
Als Jesus am Kreuz gestorben ist, zerstreuen sich die Jüngerinnen und Jünger in alle Winde. Alles scheint unwiederbringlich zu Ende. Doch dann passiert das Unglaubliche. Den Jüngerinnen und Jüngern wird klar: Jesus lebt! Gott hat ihn von den Toten auferweckt! Ziemlich schnell trifft sich Petrus mit den anderen in Jerusalem. Und wieder nimmt er eine besondere Rolle ein: Er wird um Rat gefragt, sein Wort hat Gewicht, er organisiert und leitet die Verkündigung. Sein ganzes Leben widmet Petrus der Aufgabe, Menschen von der Botschaft des ↗Auferstandenen zu überzeugen. Er stirbt schließlich nicht in seiner Heimat, sondern wird in Rom hingerichtet.

11 *Reliefdarstellung der Apostel Petrus und Paulus auf einem*

1 Lest die Lebensbeschreibung des Simon Petrus laut vor. Sucht nun passende Beinamen für Petrus (z. B. der Chef) und schreibt sie an die Tafel.

2 Petrus gehört zu den prägenden Gestalten der ersten christlichen Gemeinden.

- **a** Zeichne eine Lebenskurve für Petrus mit Höhen und Tiefen in dein Heft. Beschrifte die Kurve so, dass wichtige Ereignisse im Leben des Petrus deutlich werden.
- **b** Arbeitet zu zweit: Vergleicht die von euch gezeichneten Lebenskurven.

3 Erkundet in Gruppen das Leben des ↗Paulus.

- **a** Lest die Lebensbeschreibung des Paulus. Stellt euch nun vor, ihr würdet ein Buch über Paulus schreiben, das vier Kapitel haben soll: Welche Überschriften gebt ihr den einzelnen Kapiteln?
- **b** Notiert die vier Kapitelüberschriften ins Heft und stellt sie anschließend der Lerngruppe vor.

Saulus Paulus

Vermutlich über 15 000 Kilometer gereist, mehrmals im Gefängnis gesessen, Schiffbruch erlitten – alles mit dem Ziel vor Augen, den christlichen Glauben zu den Menschen zu bringen: Die Rede ist von ↗Paulus.
Paulus hat sein Leben dem Glauben verschrieben, dass Jesus von den Toten auferstanden ist. Diesen Glauben will er in die ganze Welt hinaustragen. Mit Feuereifer gründet er viele Gemeinden, reist im Mittelmeerraum umher und schreibt zahlreiche Briefe. Einige davon finden wir im Neuen Testament. Obwohl Paulus etwa so alt war wie Jesus, ist er dem Wanderprediger aus Nazaret niemals persönlich begegnet.
Geboren ist Paulus in der Stadt Tarsus (in der heutigen Türkei) zur Zeitenwende; er wird im jüdischen Glauben groß. Neben seinem hebräischen Namen Saulus trägt er den römischen Namen Paulus. Paulus ist sehr gebildet. Über Jahre hinweg studiert er die ↗Tora, erlernt das Handwerk eines Zeltmachers und durchläuft vielleicht sogar in Jerusalem die Ausbildung zum Schriftgelehrten. Als die Jüngerinnen und Jünger die Auferweckung Jesu verkünden, tritt Paulus ihnen entgegen. Mit Eifer bekämpft er die neue christliche Bewegung. Aber dann stellt sich sein Leben auf den Kopf. Es geschieht etwas völlig Unerwartetes. Urplötzlich ist sich Paulus sicher: Ich habe Jesus, unseren Herrn, gesehen! Er ist auferstanden! Von diesem Zeitpunkt an versteht sich Paulus als von Gott berufener ↗Apostel. Er verfolgt seinen eigenen Weg: den Glauben an Jesus Christus den ↗Heiden mitzuteilen. Dieser Aufgabe widmet er sich voller Tatendrang. Zur Jerusalemer Gemeinde, in der viele Frauen und Männer leben, die Jesus gekannt haben, hat Paulus nur selten Kontakt. Er begegnet dort auch Petrus, ist sich mit ihm aber nicht immer einig. Ebenso wie Petrus wird Paulus in Rom hingerichtet.

Votivstein in der Burgkapelle Ziesar (15. Jahrhundert)

4 Wer ist wer?
- **a** Beschreibt das Aussehen der beiden Figuren von Abbildung 11 und benennt die Gegenstände, die sie bei sich haben.
- **b** Stellt Vermutungen an, wer Petrus und wer Paulus ist.

5 Petrus und Paulus tragen den Ehrentitel „Apostelfürsten“. Früher war der kirchliche Festtag „Peter und Paul“ (29. Juni) sogar arbeitsfrei. Warum sind die beiden so wichtig für den christlichen Glauben? Tragt eure Ideen zusammen.

6 Vieles, was ihr von Paulus erfahren habt, könnt ihr in Gal 1,10–24 von ihm selbst hören.
- **a** Lasst euch den Text vorlesen.
- **b** Was hat Paulus erlebt, sodass er sein Leben änderte? Besprecht eure Gedanken.

Paulus – eine Lebenswende

12 *Aus dem Leben des Paulus (Buchillustration, 9. Jahrhundert)*

1 Die Bilderfolge aus einer mittelalterlichen Handschrift erzählt ein wichtiges Ereignis im Leben des ↗Paulus. Bildet Vierergruppen, um diesem Ereignis auf die Spur zu kommen.

a Beschreibt die Bilderfolge Schritt für Schritt: Achtet darauf, welche Personen auftreten, welche Orte vorkommen und was da jeweils geschieht.

b Lest aus einer Bibel die Erzählung Apg 9,1–22 laut vor. Diskutiert in eurer Gruppe, welches Bild zu welchem Geschehen in der Erzählung gehört.

c Formuliert zu jedem der sechs Bilder einen kurzen Satz, sodass eine Geschichte entsteht. Haltet sie schriftlich fest.

d Stellt eure Geschichten in der Lerngruppe vor.

23b Ich ertrug mehr Mühsal, war häufiger im Gefängnis, wurde mehr geschlagen, war oft in Todesgefahr. 24 Fünfmal erhielt ich von Juden die vierzig Hiebe weniger einen; 25 dreimal wurde ich ausgepeitscht, einmal gesteinigt, dreimal erlitt ich Schiffbruch, eine Nacht und einen Tag trieb ich auf hoher See. 26 Ich war oft auf Reisen, gefährdet durch Flüsse, gefährdet durch Räuber, gefährdet durch das eigene Volk, gefährdet durch Heiden, gefährdet in der Stadt, gefährdet in der Wüste, gefährdet auf dem Meer, gefährdet durch falsche Brüder. 27 Ich erduldete Mühsal und Plage, viele durchwachte Nächte, Hunger und Durst, häufiges Fasten, Kälte und Nacktheit. 28 Um von allem andern zu schweigen, dem täglichen Andrang zu mir und der Sorge für alle Gemeinden: 29 Wer ist schwach und ich bin nicht schwach? Wer kommt zu Fall und ich werde nicht von brennender Sorge verzehrt? 30 Wenn schon geprahlt sein muss, will ich mit meiner Schwachheit prahlen. 31 Gott, der Vater Jesu, des Herrn, er, der gepriesen ist in Ewigkeit, weiß, dass ich nicht lüge. 32 In Damaskus ließ der Statthalter des Königs Aretas die Stadt der Damaszener bewachen, um mich festzunehmen. 33 Aber durch ein Fenster wurde ich in einem Korb die Stadtmauer hinuntergelassen und so entkam ich ihm. (2 Kor 11,23b–33)

13 *Wandgemälde in der Kirche St. Prokulus (Naturns/Südtirol, 7. oder 11. Jahrhundert)*

2 In einem Brief erzählt ↗Paulus selbst von seinem Leben.
- **a** Lasst euch 2 Kor 11,23b–33 vorlesen.
- **b** Woran erinnerst du dich nach dem Zuhören besonders? Tauscht euch darüber aus.
- **c** Wer ist der Schaukler auf dem Bild? Manche sagen, das könnte Paulus sein. Was spricht für diese Idee? Sucht nach einer guten Begründung.

3 Finde heraus, was im abwechslungsreichen Leben des Paulus genauer passiert ist.
- **a** Welche Reisen hat Paulus unternommen? Schau auf die Landkarte (Seite 106/107) und fahre die Reiserouten mit einem Finger nach. Schreibe die Gemeinden ins Heft, die Paulus mehrmals besucht hat.
- **b** Welche Gemeinden lagen Paulus besonders am Herzen? Informiere dich im Lexikon und suche die Orte auf der Karte. Unterstreiche ihre Namen im Heft.
- **c** Finde mithilfe des Lexikons heraus, wie viele Briefe Paulus selbst geschrieben hat und welche Gemeinde gleich zwei Briefe von ihm erhalten hat. Notiere beides im Heft.
- **d** Kontrolliert eure Ergebnisse in kleinen Gruppen.

Ein seltsamer Brief aus Jerusalem

1 Erinnert ihr euch? Damals, als wir noch mit Jesus unterwegs waren. Jesus schickte uns zu unseren Glaubensgeschwistern, den Juden. Er wählte zwölf von uns aus – als Zeichen für die zwölf Stämme Israels. Er wollte, dass wir den Juden sagen: Das Reich Gottes ist nahe!

2 Dann aber wurde Jesus ermordet. Und nach seinem Tod, da waren wir plötzlich ganz sicher: Er lebt, Gott hat ihn auferweckt!

3 Wir aus Antiochia haben Jesus nie gesehen. Und trotzdem sind auch wir uns sicher: Jesus lebt, er ist ↗auferstanden! Bei uns gibt es viele Menschen, die genauso begeistert sind von Jesus. All diese Leute sind aber keine Glaubensgeschwister Jesu, sondern ↗Heiden.

22 Da beschlossen die Apostel und die Ältesten zu-
sammen mit der ganzen Gemeinde, Männer aus
ihrer Mitte auszuwählen und sie zusammen mit
Paulus und Barnabas nach Antiochia zu senden
[…]. 23 Sie gaben ihnen folgendes Schreiben mit:

*Die Apostel und die Ältesten, eure Brüder, grüßen
die Brüder aus dem Heidentum in Antiochia, in
Syrien und Kilikien. 24 Wir haben gehört, dass einige
von uns, denen wir keinen Auftrag erteilt haben,
euch mit ihren Reden beunruhigt und eure Gemüter
erregt haben.*

1 Um welchen Brief geht es hier? Lies zunächst die Verse aus der Apostelgeschichte.
   a Schreibe mit Bleistift ins Heft, wer Absender, wer Bote und wer Empfänger des Briefes ist.
   b Überprüft gegenseitig eure Ergebnisse und korrigiert sie gegebenenfalls.

2 Hintergrund des Briefes ist ein heftiger Streit der frühen Christinnen und Christen.
   a Um das obige Gespräch vorzutragen, braucht ihr sechs Personen. Verteilt die Rollen.
   b Wie in der Zeichnung setzen sich die sechs Personen an einen Tisch. Von dort aus tragen sie das Gespräch vor.

3 Worüber wird da eigentlich gestritten? Unternehmt eine Blitzlichtrunde.

4 Können die dann überhaupt Christen werden, wo uns Jesus doch zu den Juden geschickt hatte? Und Jesus doch selbst ein Jude war?

5 Müssen die Heiden vielleicht erst Juden werden, um zu ↗Christus zu gehören? Dann müssten ja alle Christen nach der ↗Tora leben! Und alle christlichen Männer müssten sich ↗beschneiden lassen! Oder können die Heiden Christen werden, auch ohne Juden zu sein?

6 Legt den Heiden doch keine Steine in den Weg, wenn sie Christen werden wollen. Hauptsache, Judenchristen und Heidenchristen verstehen sich und halten zusammen!

28 Denn der Heilige Geist und wir haben beschlossen, euch keine weitere Last aufzuerlegen als diese notwendigen Dinge: 29 Götzenopferfleisch, Blut, Ersticktes und Unzucht zu meiden. Wenn ihr euch davor hütet, handelt ihr richtig. Lebt wohl!

30 Man verabschiedete die Abgesandten und sie zogen hinab nach Antiochia, riefen die Gemeinde zusammen und übergaben ihr den Brief. 31 Die Brüder lasen ihn und freuten sich über den Zuspruch. (Apg 15,22–24 und 28–31)

4 Der Brief zeigt, zu welcher Lösung das sogenannte Apostelkonzil kam. Die Heiden müssen nicht zu Juden werden, um Christen zu sein. Doch sollen sie einige „notwendige Dinge" beachten, die wir heute nur sehr schwer verstehen können. Sie sollen sich so verhalten, dass es Juden nicht wehtut, indem sie etwa Fleisch meiden, das vor dem Essen fremden Göttern geopfert worden war.

a Was sind denn „Heiden"? Lies im Lexikon nach.
b Was haltet ihr von der Lösung, die das Apostelkonzil gefunden hat? Diskutiert in der Lerngruppe.
c Überlegt miteinander: Zu welcher Seite könnte Paulus in diesem Streit gehalten haben?

Zwischen Zuspruch und Verfolgung

Ein Verhör in Karthago

Seit der Zeit von Petrus und ↗Paulus sind über 100 Jahre vergangen. Das Christentum findet immer mehr Anhängerinnen und Anhänger. Vielfach geraten sie in Konflikt mit der römischen Staatsmacht.
Im Jahr 180 n. Chr. werden in der Stadt Karthago sechs Christinnen und Christen verhört. Es handelt sich um drei Männer namens Speratus, Nartzalus und Cittinus sowie um die drei Frauen Donata, Secunda und Vestia. Sie alle stammen aus Nordafrika. Die Verhandlung führt der Prokonsul Saturninus. Nach der Verhandlung hat ein Augenzeuge das Verhör aufgeschrieben.

Prokonsul Saturninus: Ihr könnt Straferlass unseres Herrn, des Kaisers, erlangen, wenn ihr zur Vernunft zurückkehrt!

Speratus: Wir haben niemals etwas Strafwürdiges getan. Nie haben wir bei etwas Schlechtem mitgeholfen. Wir haben nie jemandem etwas Böses gewünscht, sondern sogar noch gedankt, wenn man uns misshandelt hat. Wir sind darum gute Untertanen des Kaisers.

Prokonsul Saturninus: Auch wir sind religiöse Menschen. Unsere Religion ist denkbar einfach: Wir schwören beim göttlichen Schutzgeist, beim Genius unseres Herrn, des Kaisers. Wir beten für sein Wohlergehen. Wir bringen für sein Heil Opfer dar. Und das müsst ihr auch tun!

Speratus: Wenn du mir jetzt ruhig zuhörst, will ich dir das Geheimnis der Einfachheit unserer Religion enthüllen.

Saturninus: Willst du mich in eure Mysterien *[= Geheimkulte, die bestimmten Gottheiten geweiht waren]* einweihen, indem du unsere Religion schlechtmachst? Nein, das will ich nicht hören. Besser, du schwörst beim Genius unseres Herrn, des Kaisers.

Speratus: Ein Kaisertum über diese Welt kann ich niemals anerkennen. Ich diene allein Gott, dem Herrn, jenem Gott, den keines Menschen Auge je gesehen hat, den keines Menschen Auge je sehen wird. – Noch nie habe ich gestohlen. Wenn ich etwas einkaufe, immer zahle ich die vorgeschriebene Steuer. Ich gebe also dem Kaiser, was des Kaisers ist. Mein Herr aber ist allein Gott, der König der Könige, der Kaiser aller Völker.

Saturninus (zu den übrigen): Lasst wenigstens ihr ab von diesen falschen Überzeugungen!

1 Begebt euch in das Verhör von Karthago.
- **a** Verteilt alle Rollen, die vorkommen: Prokonsul Saturninus, Speratus, Nartzalus, Cittinus, Donata, Secunda, Vestia, ein Erzähler. Alle anderen sind Bürgerinnen und Bürger Karthagos, die beim Verhör anwesend sind.
- **b** Platziert euch so im Raum, dass es zu einem öffentlichen Verhör passt: Wo sind die Angeklagten, wo ist der Prokonsul und wo ist das Publikum?
- **c** Erst spricht der Erzähler den einleitenden Text, dann wird das Verhör aufgeführt.

Speratus: Was sind falsche Überzeugungen? Wir lassen davon ab, Mord zu begehen oder falsches Zeugnis abzulegen.
Saturninus (zu den übrigen): Lasst doch ab von diesem Wahnsinn!
Cittinus: Wir haben niemanden zu fürchten außer unseren Gott, der in den Himmeln ist.
Donata: Wir ehren den Kaiser, weil er der Kaiser ist. Aber nur Gott allein fürchten wir!
Vestia: Ich bin eine Christin!
Secunda: Ich will bleiben, was ich bin, eine Christin!
Saturninus (wieder zu Speratus): Bleibst du bei dem Bekenntnis, ein Christ zu sein?
Speratus: Ich bin ein Christ!
Erzähler: Und alle stimmten ihm zu.
Saturninus: Wollt ihr vielleicht Bedenkzeit?
Speratus: In einer so gerechten Sache gibt es nichts zu bedenken.
Saturninus: Was habt ihr da in dem Behälter?
Speratus: Bücher und Briefe des ↗Paulus, eines gerechten Mannes!
Saturninus: Ich biete euch dreißig Tage Bedenkzeit. Ihr könnt noch einmal gründlich nachdenken über alles. Nehmt euch die Zeit!
Speratus: Da gibt es nichts zu bedenken. Ich bin ein Christ!
Erzähler: So sagten sie alle. Und da verlas der Prokonsul von einer Wachstafel das Urteil:
Saturninus: Speratus, Nartzalus, Cittinus, Donata, Vestia, Secunda und mehrere andere haben bekannt, nach Christenweise zu leben. Sie sollen durch das Schwert hingerichtet werden. Man hat ihnen die Wege geebnet zur Rückkehr in die römische Religion. Aber sie haben sich hartnäckig geweigert.

Die Christen sind Männer und Frauen, die „gegen den Strom schwimmen“.

Papst Franziskus

2 Das Verhör ist vorbei, das Urteil ist gesprochen.
- **a** Notiere direkt nach der Aufführung einen Gedanken, der dir durch den Kopf geht.
- **b** Teilt eure Gedanken der Lerngruppe mit.

3 Was lehnen die angeklagten Christinnen und Christen so hartnäckig ab, sodass sie verurteilt werden?
- **a** Lies das Verhörprotokoll und suche nach einer Antwort auf diese Frage.
- **b** Sammelt und besprecht eure Antworten.

4 Das obige Zitat stammt aus einer Rede, in der sich Papst Franziskus mit Christen beschäftigt, die für den Glauben ihr Leben riskieren.
- **a** Wie steht ihr zu dieser Aussage des Papstes? Diskutiert eure Meinungen.
- **b** Wofür sollten sich Christinnen und Christen einsetzen, auch wenn es ihnen schmerzhafte Nachteile bringt? Sucht gemeinsam nach Beispielen.

Pfingsten damals – Firmung heute?

Ein mittelalterliches Bild

In den Durchgängen dieses Kapitels hast du dich in das Leben der frühen Christinnen und Christen vertieft. Du hast erfahren, was ihnen am Herzen lag, worüber und wofür sie stritten und welche Personen wichtig waren. Zuvor hattest du in den Hinwegen erkundet, was die Bibel vom Ursprung ihrer Gemeinschaft erzählt. Erinnerst du dich an die Pfingsterzählung?

14 *Konrad von Soest: Pfingsten (um 1403)*

1 Ruf dir die Pfingstgeschichte ins Gedächtnis und schreibe die vertauschten Sätze in der richtigen Reihenfolge in dein Heft: Alle wurden mit dem ↗Heiligen Geist erfüllt und begannen, in fremden Sprachen zu reden. – Und den Jüngerinnen und Jüngern erschienen Zungen wie von Feuer. – Jeder hörte sie in seiner Sprache reden. – Alle waren ratlos und fragten, was das zu bedeuten habe. – Plötzlich kam vom Himmel her ein Brausen wie ein heftiger Sturm. – Da liefen viele Menschen zusammen und waren ganz erstaunt.

2 Zu einer anderen Zeit an einem anderen Ort malte Konrad von Soest seine Vorstellung von Pfingsten.

- **a** Beschreibe kurz das Bild. Konzentriere dich dabei auf die Figuren, ihre Körperhaltung und auf die Gegenstände, die du siehst.
- **b** Welche Bilddetails kommen in der Pfingsterzählung nicht vor? Nenne zwei auffällige Unterschiede.
- **c** Wovon könnte die Gruppe auf dem Bild begeistert sein? Notiere zwei passende Ideen.

Ein Brief von heute

Viele Jahrzehnte lang reiste der Wiener Weihbischof Helmut Krätzl von Pfarrei zu Pfarrei, um jungen Christinnen und Christen die Firmung zu spenden. In diesem Sakrament erfahren sie Gottes Geist, von dem schon die Pfingstgeschichte erzählt. Meist kannte Krätzl die Jugendlichen gar nicht, die er firmen sollte. Um ihnen nicht anonym zu begegnen, wollte er mehr von ihnen wissen. Da kam ihm eine Idee: Er bat die Firmlinge, ihm vor dem großen Ereignis einen Brief zu schreiben. Tausende Jugendliche taten dies. Einige Briefe beantwortete der Weihbischof sogar in einem Buch.

„ICH LASS MICH FIRMEN UM DER GEMEINSCHAFT WILLEN"

Dieser Grund ist gar nicht schlecht, Claudia. Du spürst, was Gemeinschaft bedeutet, auch für die gemeinsame Suche nach dem Glauben.

In einer andersdenkenden Umgebung kann man den Glauben nur bewahren und leben, wenn man auch einige Gleichgesinnte um sich hat. Und eine Freundschaft, die Gott zum Mittelpunkt hat, ist nicht weniger schön und lustig als eine andere, sondern kann sogar noch eine tiefere Lebensfreude schenken.

Ich glaube, du hast schon in der Vorbereitung auf die Firmung im frohen Beisammensein erlebt, dass die Kirche nicht eine bürokratische Institution ist, sondern gelebte Gemeinschaft derer, die sich um Jesus Christus scharen.

3 Welches Bild würdest du selbst für Begeisterung wählen? Schildere es in wenigen Sätzen.

4 Schreibe vom gelben Zettel ab, was Claudia dem Weihbischof mitgeteilt hat. Wie findest du ihre Begründung, sich firmen zu lassen? Nimm in zwei Sätzen Stellung dazu.

5 Unter dem Zettel antwortet Weihbischof Krätzl. Er findet Claudias Begründung „gar nicht schlecht".

- a Notiere sechs Nomen, die er mit Freundschaft oder Gemeinschaft verbindet.
- b „Glaube hat mit Freundschaft zu tun, weil ..." – Wie könnte Weihbischof Krätzl diesen Satz ergänzen? Formuliere zwei unterschiedliche Möglichkeiten.

6 Das Pfingstbild auf Seite 104 wurde vor vielen Jahrhunderten gemalt. Passt das Bild zu Claudias Gedanken auf dem gelben Zettel? Schreibe deine Meinung dazu auf.

Von Jerusalem bis Augsburg: Wie sich das Christentum verbreitete

Innerhalb von 500 Jahren wurde aus der kleinen Schar der Jesusanhänger eine riesige Gemeinschaft von Christinnen und Christen. Die Karte zeigt, wie sich das Christentum im Imperium Romanum, dem Römischen Reich, ausgebreitet hat.

1 Geht zu zweit auf Entdeckungstour.
- **a** Zählt die christlichen Gemeinden des 1. und 2. Jahrhunderts und notiert die Zahl.
- **b** Tippt diejenigen Gebiete mit dem Finger an, in denen sich das Christentum im 3. und 4. Jahrhundert ausgebreitet hat. Benennt die Gebiete, soweit ihr sie kennt.
- **c** Zieht mit eurem Finger die Grenzen der Ausbreitung des Christentums im 5. Jahrhundert nach. Findet passende Namen für die einzelnen Grenzen.
- **d** Sucht auf der Karte die Orte oder Gebiete, in denen die Gegenstände von den Seiten 86/87 entdeckt wurden.
- **e** Im Rhein-Donau-Gebiet sind fünf deutsche Städte mit ihrem römischen Namen vermerkt. Lest die fünf Städtenamen und stellt Vermutungen an, welche der Städte Augsburg, Köln, Mainz, Regensburg und Trier sind.

2 Richtig oder nicht? Schaut auf der Karte nach.
- **a** Entscheidet, ob die folgenden Aussagen richtig oder falsch sind: Das Christentum verbreitete sich zuerst im westlichen Mittelmeerraum. – Ende des 1. Jahrhunderts gab es viele christliche Gemeinden in Palästina und Kleinasien. – Das Christentum wuchs in den Städten und entlang der Hauptverkehrswege (Flüsse, Küsten). – Das Christentum kam erst im 4. Jahrhundert nach Nordafrika. – In Europa stoppte die Ausbreitung des Christentums an Rhein und Donau.
- **b** Entwickle selbst eine Richtig-oder-falsch-Frage zur Ausbreitung des Christentums. Beachte die Karte.

15 *Die Ausbreitung des Christentums im Römischen Reich*

- **c** Testet euch gegenseitig mit den von euch entwickelten Richtig-oder-falsch-Aussagen.

3 Vervollständige die folgenden fünf Satzanfänge im Heft: Paulus ... – Im östlichen Mittelmeerraum ... – Rom ... – In Nordafrika ... – Nördlich der Donau ...

Ausbreitung des Christentums

- christliche Gemeinde des 1. und 2. Jahrhunderts
- 3. Jahrhundert
- 4. Jahrhundert (seit 313 werden Christen geduldet, 380 wird das Christentum Staatsreligion)
- 5. Jahrhundert

Reisen des Apostels Paulus

- erste Reise 45–48 n. Chr.
- zweite Reise 49–52 n. Chr.
- dritte Reise 53–58 n. Chr.
- als Gefangener nach Rom überführt 60–61 n. Chr.

Sonstiges

- Sprachgrenze Latein/Griechisch
- spätere Patriarchate
- sonstige wichtige Orte

Von der Hauskirche zur Königshalle

16 *Vorder- und Rückseite einer Münze aus Konstantinopel (ca. 327/328 n. Chr.)*

Im Römischen Reich sind die Christinnen und Christen lange Zeit nur Außenseiter. Durch einen umstrittenen Kaiser aber wendet sich das Blatt. Er heißt Konstantin und ist fasziniert vom Glauben an ↗Christus. Ihm ist gleichgültig, dass Jesus selbst für Gewaltlosigkeit eingetreten war. So scheut sich Konstantin nicht, seine Truppen unter dem Zeichen Christi kämpfen zu lassen.
Für das Christentum wurde entscheidend, dass Konstantin im Jahre 313 einen folgenschweren Entschluss fasst. Ab jetzt gilt das Christentum im Römischen Reich als anerkannte Religion, die anderen Religionen gleichgestellt ist. Wer an Christus glaubt, muss sich nun nicht mehr verstecken.
Wenig später, im Jahre 380, bestimmt Kaiser Theodosius das Christentum als einzig erlaubte Religion im Römischen Reich. Allzu schnell vergessen viele, dass sie bis vor Kurzem selbst unterdrückt worden waren.

1 Noch zu Lebzeiten von Kaiser Konstantin erscheint die Münze, die oben abgebildet ist. Die Vorderseite zeigt seinen Kopf und einen Lorbeerkranz. Die Rückseite aber hat es in sich.
- **a** Zeichne in dein Heft, was auf der Rückseite der Münze abgebildet ist.
- **b** Die Rückseite zeigt ein Feldzeichen, mit dem Soldaten Konstantins in die Schlacht zogen. Beschreibt von unten nach oben, was zu erkennen ist.
- **c** Unter dem Zeichen „☧“, dem du schon auf S. 86/87 begegnet bist, führte Konstantin Kriege. Wieso kann man das heute ablehnen? Diskutiert eure Meinungen.

2 Das Jahr 313 ist ein Schlüsseldatum in der Geschichte des Christentums.
- **a** Lies den Text unter den beiden Münzbildern.
- **b** Warum war 313 so wichtig für die Christinnen und Christen? Formuliere zwei Sätze, die beide mit dieser Zahl beginnen. Schreibe sie ins Heft.
- **c** Trage das Jahr 380 mit einer passenden Beschriftung in deine Zeitleiste ein (vgl. Seite 92).

3 Stell dir vor, du hättest immer in Privaträumen Gottesdienst gefeiert. Und jetzt betrittst du die Lateranbasilika.

Nach Konstantins Entscheidung von 313 konnten Christinnen und Christen ohne Angst in die Öffentlichkeit treten. Sofort begannen sie damit, Kirchen zu bauen. Bisher hatten sie sich daheim getroffen, um zu beten und gemeinsam Mahl zu halten. Jetzt aber wollen sie dazu mächtige Bauten errichten.
Beim Bau ihrer neuen Kirchen orientieren sich die Christinnen und Christen nicht am Göttertempel antiker Religionen, deren Kult sie ablehnen. Vielmehr übernehmen sie die Bauform der römischen Basilika (griech.: Königshalle), da diese – als großer Versammlungsraum – genügend Platz bietet, damit alle Gläubigen zusammen beten und feiern können.
Die Form der Basilika beeinflusst den christlichen Kirchenbau bis heute. Den meisten Platz beansprucht ein rechteckiger Saal. Er heißt Langhaus und wird durch Säulen in drei oder mehr Schiffe geteilt. Das mittlere ist höher als die seitlichen. Vorne ist eine halbrunde Nische, die Apsis. An ihrer Wand steht der Bischofsstuhl, in der Mitte davor, leicht erhöht, der Altar.

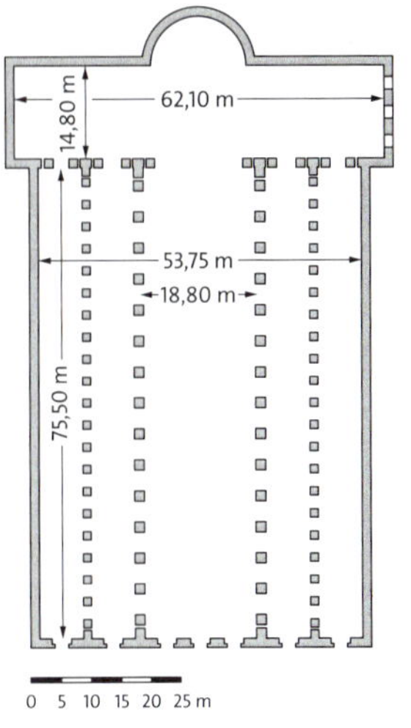

17 *Innenraum und ursprünglicher Grundriss der von Konstantin selbst gestifteten Lateranbasilika in Rom*

a Nehmt euch eine Minute Zeit, um still das Foto anzuschauen.
b Tauscht euch aus: Wie wirkt der Raum auf euch?
c Die Lateranbasilika ist fast so groß wie ein Fußballfeld. Besprecht, was am Gottesdienst anders wird, wenn er jetzt in der Basilika und nicht mehr zu Hause gefeiert wird.

4 Zeichne den Grundriss der Lateranbasilika ins Heft.
a Trage mit Bleistift ein, wo sich Langhaus, Mittelschiff, Seitenschiffe, Apsis, Bischofsstuhl und Altar befinden. Der Text hilft dir dabei.
b Überprüft eure Einträge gegenseitig.

Wie an Pfingsten

Die Zeit, die wir heute erleben, braucht keine Sofa-Jugendlichen, sondern junge Menschen mit Schuhen, noch besser: mit „Boots“ an den Füßen. Sie akzeptiert nur Stammspieler, für Reserve ist kein Platz. Die Welt von heute verlangt von euch, Vorreiter der Geschichte zu sein, denn das Leben ist immer schön, wenn wir es leben wollen, immer, wenn wir Spuren hinterlassen wollen. Die Geschichte verlangt heute von uns, dass wir unsere Würde verteidigen und nicht zulassen, dass andere über unsere Zukunft entscheiden. Wie an Pfingsten möchte der Herr eines der größten Wunder vollbringen, das wir erleben können: Er möchte bewirken, dass deine Hände, meine Hände, unsere Hände sich in Zeichen der Versöhnung, der Gemeinschaft, der Schöpfung verwandeln. Er will deine Hände, um mit dem Aufbau der Welt von heute fortzufahren. Er will sie mit dir aufbauen.

Papst Franziskus

1 Beim Weltjugendtag 2016 in Krakau (Polen), an dem über eine Million Menschen aus aller Welt teilnahmen, wandte sich Papst Franziskus mit obigen Worten an die Jugendlichen.
- **a** Lies die Rede still für dich durch.
- **b** Bildet Vierergruppen und beratschlagt gemeinsam, auf welche Weise ihr die Worte von Papst Franziskus vor großem Publikum vortragen wollt. Berücksichtigt besonders Betonung, Lautstärke, Pausen, Körperhaltung und Handbewegung. Notiert für jeden Satz der Rede wichtige Vortragshinweise auf Klebezettel.
- **c** Einigt euch, wer aus der Gruppe die Rede hält, und macht eine Generalprobe.
- **d** Präsentiert die Rede abschließend in der Lerngruppe.

2 Papst Franziskus wandte sich mit seiner Rede direkt an Jugendliche. Was würdet ihr ihm als Angesprochene antworten?
- **a** Kehrt zurück in eure Vierergruppen und überlegt miteinander, wie ihr den folgenden Briefanfang fortsetzen wollt:
  „Heiliger Vater, Lieber Papst Franziskus,
  wir haben Ihre Rede vom Weltjugendtag gehört und wollen Ihnen sagen ...“
- **b** Haltet euren Brief schriftlich fest.
- **c** Lest eure Briefe in der Lerngruppe vor.

5 Vielfalt der Kulturen und Lebenswelten

Solidarität im Namen Gottes

Kinder in der einen Welt

Alexander, Julia, Mehmet, Hannah, Yves – so unterschiedlich die Namen eurer Mitschülerinnen und Mitschüler sind, so unterschiedlich sind die Kinder, die in eure Klasse gehen. Jeder und jede von euch kann manches besonders gut und tut sich bei anderem schwer. Jede und jeder stammt aus einer besonderen Familie und einem bestimmten Ort. Vieles verbindet euch, manches ist bei jedem anders. Und so bunt eine Schulklasse ist, so verschieden ist auch das Leben von Kindern auf der ganzen Welt. In diesem Kapitel lernt ihr Kinder aus vielen Ländern kennen und könnt erkunden, wie vielfältig ihr Leben ist. Fünf Kinder stellen sich nun vor und sagen, was euch auf den nächsten Seiten erwartet.

Marina, Deutschland: *Griaß di! Ich bin Marina und 15 Jahre alt. Meine Schule in Straubing ist Fair-Trade-Schule. „Fair Trade“ heißt „fairer Handel“. Was das ist und warum er so wichtig ist, erfahrt ihr auf den Seiten 132/133. Außerdem stellen wir euch auf den Seiten 134/135 noch ein paar Ideen vor, wie ihr euch für andere Kinder einsetzen könnt.*

Moussa, Senegal: *Salaamaalekum! Ich bin zwölf Jahre alt und komme aus dem Senegal. Meine Familie lebt in einer einfachen Strohhütte. Bei uns wird fünf Mal am Tag zum Gebet gerufen. Wenn ich bete, rolle ich zuvor einen kleinen Teppich aus, um auf einem sauberen Platz an Gott zu denken. Auf den Seiten 114/115 begegnet ihr vielfältigen Lebenswelten von Kindern – und auf den Seiten 116/117 könnt ihr euch informieren, wie Kinder in verschiedenen Religionen groß werden.*

1 Betrachte die Zeichnungen der fünf Kinder und wähle ein Kind aus.

- **a** Notiere den Namen des Kindes in dein Heft und beschreibe, was du auf dem Bild siehst. Achte dabei besonders auf die Kleidung sowie auf den Gegenstand, den das Kind bei sich hat.
- **b** Stellt eure Beobachtungen in der Lerngruppe vor.

2 Lest die Aussagen der fünf Kinder mit verteilten Rollen vor.

3 Du hast bereits Beobachtungen zu einem Kind gesammelt. Ergänze nun die übrigen vier Namen. Was ist an jedem Kind besonders? Schreibe zu jedem Namen einen kurzen Satz in dein Heft.

4 Schreibt die Namen der fünf Kinder auf ein Plakat und sammelt Fragen, die ihr an die Kinder stellen wollt. Hängt das Plakat in eurem Klassenraum auf. Dann könnt ihr in den nächsten Stunden immer wieder einen Blick darauf werfen und prüfen, welche eurer Fragen beantwortet wurden.

5 Stell dir vor, du triffst Moussa, Ira oder Deepak.
- a Zeichne einen Gegenstand in dein Heft, der etwas Wichtiges über dich verrät.
- b Schreibe zur Zeichnung eine Sprechblase, in der du dich und eine Besonderheit von dir – beispielsweise ein Hobby – Moussa, Ira oder Deepak vorstellst.

Gemeinsam und verschieden

A

B

C

D

1 Die Fotos A bis D zeigen Szenen aus vier Ländern.

a Bildet kleine Gruppen und betrachtet jedes Bild. Tauscht euch darüber aus, was euch besonders auffällt.

b Überlegt euch gemeinsam ein fünftes Bild, das eine andere Essensszene zeigt, die ihr selbst erlebt oder gesehen habt. Zeichnet euer Bild auf ein DIN-A4-Blatt.

c Schaut die fünf Bilder noch einmal an und sammelt in einem Brainstorming Ideen zur Frage: Welche Gemeinsamkeiten finden sich in allen Szenen?

2 Was haben die anderen Gruppen gedacht und gemacht?

a Besprecht, welche Gemeinsamkeiten ihr beim Brainstorming herausgefunden habt.

b Wenn ihr wollt, könnt ihr euch gegenseitig die Essensszenen zeigen, die ihr gezeichnet habt.

3 Die Fotos E bis H zeigen Kinder aus vier Religionen. Geht zu zweit auf Erkundungstour.

a Einigt euch, welches der folgenden Adjektive am besten zu welchem Bild passt: interessant – fremd – geheimnisvoll – aufmerksam – konzentriert – andächtig – fromm – abwesend – ehrfürchtig.

E

F

G

H

b Alle vier Kinder beten. Sammelt möglichst viele Unterschiede, die ihr auf den Fotos entdeckt.

c Jedes Kind gehört einer anderen Religion an. Ordnet zu, welches Bild zu Judentum, Christentum, Islam und Hinduismus passt. Notiert jeweils einen Grund für eure Entscheidung.

d Welches Kind gehört zu welcher Religion? Löst das Rätsel in der Lerngruppe und besprecht eure Gründe.

4 Niklas ist nach einem Gespräch mit seinem Freund Younes ganz aufgebracht. Younes ist in einer Familie aufgewachsen, in der Gott kaum eine Rolle spielt.

- **a** Niklas will Younes erklären, wo Gott in seinem Alltag eine Rolle spielt. Was könnte er ihm schreiben? Verfasse eine kurze E-Mail.
- **b** Wer will, kann seine E-Mail in der Lerngruppe vorlesen.
- **c** Tauscht euch darüber aus, wieso bei manchen Kindern der Glaube wenig Raum einnimmt.

5 Ergänzt miteinander folgende Sätze: Wir Kinder sind gleich, weil wir ... – Und doch sind wir unterschiedlich, weil wir ...

In Religionen groß werden

Die meisten Kinder weltweit wachsen mit einer Religion auf, manche aber auch ohne Religion. Es gibt sehr viele Religionen auf der Erde. Manche davon werden als Weltreligionen bezeichnet, weil sie vielerorts vorkommen oder sehr viele Menschen dazugehören. Das Christentum zählt die meisten Gläubigen, gefolgt von Islam und Hinduismus. Je nach Weltgegend, Land und Familie kann ein und dieselbe Religion sehr unterschiedlich gelebt werden. Fast immer wachsen Kinder durch ihre Eltern und Großeltern in eine bestimmte Religion hinein. Oftmals werden sie zudem von Lehrerinnen und Lehrern in ihrer Religion unterrichtet. Sehr eindrücklich sind für Kinder die Feste und Feiern ihrer Religion, besonders wenn sie den Heranwachsenden selbst gewidmet sind. Was Kinder in ihrer Religion schön finden, schildern acht unterschiedliche Stimmen:

Ich finde es schön, fünf Mal am Tag den Ruf zum Gebet zu hören, der durch die Straßen der Stadt schallt. Ich mag es, wenn meine Großmutter vom Propheten erzählt. Besonders gefallen mir die Geschichten von Muhammad, in denen er mit den Kindern spielt und ihre Eltern ermahnt.
Ziemlich gern gehe ich auch in die Moschee. Ich lerne dort viel über unsere Religion, lese den Koran und treffe Freunde.
Ein paar wichtige Suren aus dem Koran kann ich mittlerweile auswendig aufsagen.

Ich finde es schön, wenn mir im Tempel ein Priester mit Asche oder Farbe einen Punkt auf die Stirn zeichnet. Überhaupt mag ich es, an unserem Hausaltar zu beten und meinem Gott Ganesha Opfergaben, wie zum Beispiel Milch, Früchte und Zucker, zu schenken.
Mir ist es wichtig, am Dienstag kein Fleisch zu essen. Gern sehe ich Göttergeschichten als Zeichentrick oder als Puppentheater.
Am liebsten mag ich das Fest Divali: Dann verwandelt sich unsere Stadt in ein Lichtermeer, sogar auf dem Fluss schwimmen Öllämpchen, und es gibt Geschenke.

1 Acht Kinderstimmen geben einen Einblick in Judentum (blau, siebenarmiger Leuchter), Islam (grün, Gebetsnische), Hinduismus (gelb, Silbe Om) und Buddhismus (orange, Rad der Lehre).
   a Lest jeweils beide Kinderstimmen aus einer Religion vor. Macht zwischen jeder Religion eine stille Lesepause. Achtet beim Zuhören darauf, was die Kinder in ihrer Religion tun.
   b Was hast du besonders interessant gefunden? Notiere dazu einen Satz. Stellt dann eure Gedanken reihum vor.

2 Bildet zu jeder der vier Religionen mindestens eine Expertengruppe.
   a Lest die beiden Kinderstimmen aus der Religion, die ihr näher erkunden sollt, noch einmal: Was ist ihnen in ihrer Religion wichtig? Was ist in ihrer Religion besonders? Schreibt passende Stichpunkte auf.
   b Informiert euch in einem Kinderlexikon, in welchen Ländern viele Menschen dieser Religion angehören und welche Bedeutung das Symbol besitzt, das im Textfeld abgebildet ist. **Tipp:** Im Internet findet ihr mithilfe der Stichworte „Kinder entdecken Religion“ ein gutes Lexikon.
   c Präsentiert eure Informationen in der Lerngruppe. Achtet dabei auf einen ansprechenden Vortrag.

3 Stell dir vor, du sollst hier eine Stimme zum Christentum sein: Was würdest du sagen?

Ich finde es schön, den Sederabend zu feiern, mit dem das Pessachfest beginnt. Als jüngstes Kind darf ich immer die vier Fragen über den Auszug aus Ägypten stellen und mit meinen Geschwistern den Afikoman (ein Stück ungesäuertes Brot) verstecken, den meine Eltern dann suchen oder auslösen müssen.
Ich freue mich auf meine Bar Mizwa, bei der ich in der Synagoge aus der hebräischen Tora vorlesen und zum ersten Mal die Gebetsriemen anlegen darf.
Sehr stolz war ich, als ich unser Glaubensbekenntnis, das Schma Jisrael, auf Hebräisch aufsagen konnte. Da war ich noch im Kindergarten.

Ich finde es schön, den Mönchen am frühen Morgen Essen in ihre Almosenschalen zu legen und mich vor ihnen zu verneigen.
An Uposatha-Tagen gehe ich in den Tempel, um mich auf unsere wichtigsten Gebote zu besinnen. Vielleicht trete ich auch einmal wie manche Jungen während der Regenzeit ins Kloster ein, um für ein paar Wochen wie Buddha zu leben.
Am liebsten feiere ich Vesakh, den Geburtstag und das Erwachen des Buddha. Da findet eine große Lichterprozession statt und wir schenken gefangenen Tieren die Freiheit.

Ich finde es am schönsten, wenn wir Holi feiern. Manche sind dann wie der Gott Krishna und seine Frau Radha verkleidet. Wir Kinder laufen mit Wasserpistolen und Farbbeuteln herum. Alle Menschen bewerfen sich mit farbigem Puder, bis sie ganz bunt sind.
Wichtig war für mich, mit meiner Familie in die Stadt Varansi zu fahren und im heiligen Fluss Ganges zu baden.
Ich freue mich, wenn ich mit elf Jahren die Heilige Schnur bekomme. Dann bin ich kein Kind mehr und alt genug, um die Heiligen Schriften zu lesen und von einem Guru, einem religiösen Lehrer, unterrichtet zu werden.

Ich finde es sehr schön, wenn meine Mama am Freitagabend die Kerzen anzündet und der Schabbat beginnt. Wir beten, singen und essen dann gemeinsam.
Mein Großvater liest uns manchmal aus der Kindertora vor oder erzählt selbst die Geschichte unseres Volkes. Sehr gern höre ich die Geschichten von Mose in Ägypten.
Am liebsten feiere ich Purim. Wir können uns dann alle verkleiden. Außerdem dürfen wir Rasseln und Süßigkeiten mit in die Synagoge nehmen.

Ich finde es schön, vor einer Buddha-Statue Blumen oder Räucherwerk darzubringen und die Klangschale anzuschlagen. Mein Vater hat mir erklärt, dass Blumen das Leben zeigen: Es blüht auf und vergeht. Wenn ich mich vor Buddha verneige, erweise ich ihm und seiner Lehre Respekt.
Für mich ist es wichtig, mich regelmäßig im Meditieren zu üben, um meine Gedanken zu konzentrieren.
Ich strenge mich an, Verse von Buddhas Lehrtexten auswendig zu lernen und darüber nachzudenken.

Ich finde es schön, wenn wir während des Ramadan abends alle gemeinsam essen. Ich versuche, am Wochenende zu fasten, wenn keine Schule ist. Viel Spaß macht das Zuckerfest am Ende des Ramadan. Dann ziehen wir Kinder los und sammeln Süßigkeiten.
Für mich es ist wichtig (und manchmal sehr anstrengend), den Koran auf Arabisch lesen zu lernen. Als meine Schwester den Koran auf Arabisch durchgelesen hatte, gab es ein großes Fest. Das möchte ich auch haben!
Mein Onkel war auf der großen Pilgerfahrt in Mekka und hat mir von dort eine Gebetskette mitgebracht. Darauf passe ich besonders auf.

a Überlege für dich und schreibe dann zwei Sätze auf einen kleinen Zettel. Beginne so: „Ich finde es schön …". Zeichne abschließend auf deinen Zettel ein Symbol zum Christentum.
b Legt eure Zettel gut sichtbar im Klassenzimmer aus und lest sie bei einem Rundgang sorgfältig durch. Findet heraus, was in eurer Lerngruppe sehr häufig und was eher selten genannt wurde.

4 Religion hat einen Einfluss darauf, was Kinder denken, sagen und tun. Was meinst du? Diskutiert eure Ansichten in der Lerngruppe.

Szenen spielen

„Die Szene ist im Kasten!“ Dieser Ausspruch ist am Drehort eines Films zu hören, wenn eine kleinere Einheit fertiggestellt wurde. Diese Einheit, die einen Film, ein Theaterstück oder Hörspiel unterteilt, nennt man Szene. Eine Szene spielt in der Regel an einem bestimmten Ort, etwa in einem klapprigen Auto, auf der Brücke eines Raumschiffs oder in einem verwunschenen Wald. Szenen sind also an einen Schauplatz gebunden. So orientiert man sich oft an den Schauplätzen, wenn man über einen Film oder eine Handlung spricht. Szenen dauern nur begrenzte Zeit. Sie erstrecken sich über einen überschaubaren Zeitraum von wenigen Minuten. Szenen kann man auch selbst spielen und aufführen. Wie das geht, könnt ihr jetzt ausprobieren.

Wie bereitet man eine Szene vor?

Bevor ihr eine Szene spielt, ist es ganz wichtig, gemeinsam Antworten auf die folgenden W-Fragen zu finden:
Wer kommt in der Szene vor?
Wo spielt die Szene?
Was passiert in der Szene?
Wie beginnt die Szene – und **wie** hört sie auf?
Sind diese Fragen geklärt, wird es spannend:
Alle versetzen sich in ihre Rolle und üben die Szene.

Wie präsentiert man eine Szene?

Für die Präsentation gelten folgende Regeln:

1. Ein Bereich des Klassenraums wird als Bühne abgetrennt. – Oft ist es notwendig, Stühle und Tische aus diesem Bereich zu entfernen. Um den Beginn des Stücks deutlich zu machen, kann das Publikum einzählen: „5 ... 4 ... 3 ... 2 ... 1 – los geht's!“
2. Sobald die Schauspieler die Bühne betreten, spielen sie eine Rolle. Dabei kann ein Mädchen einen Jungen spielen und umgekehrt. Genauso können sie Menschen mit einem anderen Alter oder einer anderen Herkunft, Tiere oder Fantasiewesen spielen. Alle Darstellerinnen und Darsteller nehmen eine bestimmte Rolle ein; alles, was sie tun und sagen, entspricht ihrer Rolle.
3. Die Aufmerksamkeit des Publikums gilt ganz dem Geschehen auf der Bühne.

Und was geschieht nach der Szene?

Nach einem Kino- oder Theaterbesuch wollen viele gern über das Gesehene reden: Welche Szene war spannend, langweilig, unvorhersehbar? Mit welchen Figuren konnte ich am meisten anfangen? Worüber habe ich mich geärgert? – Es macht Spaß, Szenen im Unterricht zu spielen. Sie können euch auch über bestimmte Fragen und Probleme zum Nachdenken bringen. Dazu werden sie im Unterricht oft ausgewertet und besprochen.

A

B

C

D

1 Die vier Fotos zeigen Momentaufnahmen von Kindern aus verschiedenen Ländern.
   a Bildet kleine Gruppen. Wählt dann eines der Fotos aus und beschreibt es.
   b Was könnte passiert sein, bevor das Foto entstanden ist? Sammelt Ideen.
   c Entscheidet euch für eine dieser Ideen, die ihr als Szene darstellen wollt.

2 Bereitet mithilfe des Fotos eure Szene vor. Legt euer Augenmerk darauf, was die Kinder tun und sagen.
   a Beantwortet zuerst die W-Fragen.
   b Verteilt dann die Rollen. Nehmt euch Zeit, um euch in diese hineinzuversetzen.
   c Übt die Szene ein.

3 Präsentiert eure Szene vor der Lerngruppe.

4 Besprecht jede Szene im Anschluss.
- Zuerst ist das Publikum gefragt: Was hat ihm jeweils am besten gefallen? Gebt den Darstellerinnen und Darstellern eine kurze Rückmeldung.
- Jetzt können sich diese äußern. Was war ihnen bei der Szene wichtig? Wie war es, sich in Kinder aus fremden Ländern hineinzuversetzen?

Kinder haben Recht(e)

Hallo, ich heiße Sina und bin zwölf Jahre alt. Ihr glaubt nicht, was mir passiert ist. Als ich mit meiner Clique im Stadtpark beim Skaten war, kam plötzlich ein Anwohner und hat fürchterlich mit uns geschimpft: Wir hätten hier nichts zu suchen und sollten gefälligst verschwinden. Er und sein Hund wollen Ruhe haben. Ich bin deswegen echt sauer, aber auch unsicher.
Da habe ich mich schlau gemacht, ob uns das Skaten im Park einfach so verboten werden darf. In einer Bibliothek bin ich auf die sogenannten Kinderrechte gestoßen und habe sie euch mal aufgezeichnet:

1 Was hat Sina erlebt? Lest ihre Mitteilung und tauscht eure Meinungen darüber aus.

2 Für alle Menschen auf der Welt gelten die Menschenrechte. Am 20.11.1989 haben die Vereinten Nationen zusätzlich 54 Kinderrechte festgelegt. Damit immer mehr Menschen davon wissen und mithelfen, dass sie eingehalten werden, wurden die Kinderrechte in einem Vertrag aufgeschrieben, der „UN-Kinderrechtskonvention“ heißt.

a Zeichne die Grafik der Kinderrechte in dein Heft.
b Lies noch einmal in Ruhe durch, was du aufgeschrieben hast. Wähle schließlich ein Kinderrecht aus, das du ganz besonders wichtig findest.
c Stellt euch die ausgewählten Rechte mit eigenen Worten in der Lerngruppe vor. Beginnt jeweils so: Als Kind hast du das Recht …
d Besprecht in der Lerngruppe jene Rechte, die nicht einfach zu verstehen sind.

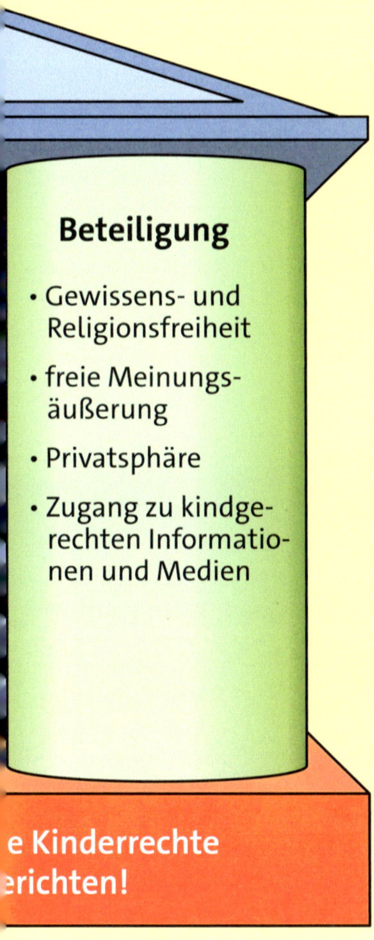

Namasté! Ich heiße Ira und bin elf Jahre alt. Ich wohne im Bundesstaat Gujarat im Westen Indiens. In Indien sagt man zur Begrüßung „Namasté“. Das bedeutet übersetzt: „Ich grüße das Göttliche in dir.“ Meine Familie und ich sind Hindus. Ich helfe meinem Vater beim Baumwollpflanzen auf dem Feld. Ich säe, jäte Unkraut, entferne Insekten von den Pflanzen und helfe bei der Ernte. Das war aber nicht immer so: Bis ich neun Jahre alt war, bin ich mit den anderen Kindern zur Schule gegangen. Dort hat es mir sehr gut gefallen. Vor zwei Jahren bat mich mein Vater, ihm und meinem Bruder auf dem Feld zu helfen. Er muss jetzt mehr Baumwolle anpflanzen, um einen hohen Kredit zurückzahlen zu können. Er musste sich verschulden, um neues Saatgut, Dünger und Mittel zur Schädlingsbekämpfung zu finanzieren. Wir arbeiten meistens neun Stunden am Tag. Wenn es viel Arbeit gibt, muss ich manchmal bis zu zwölf Stunden arbeiten. Es ist keine leichte Arbeit, aber ich bin stolz darauf, dass ich meine Familie unterstützen kann.

e Unterstützt Sina und überprüft anhand der Grafik, ob in ihrem Fall die Kinderrechte weiterhelfen.

3 Ira erzählt von ihrem Lebensalltag.
 a Lest den Text laut vor.
 b Besprecht, was euch erstaunt und verwundert.

4 Stellt euch vor, ihr seid Rechtsanwältinnen und Rechtsanwälte, die sich für Ira einsetzen. Bildet dazu kleine Gruppen.
 a Betrachtet die Grafik und wählt drei Kinderrechte aus, die gegenüber Ira verletzt werden.
 b Bereitet in Stichworten eine kurze Rede vor, die anklagt, dass Ira Unrecht geschieht. Wählt ein Gruppenmitglied aus, das die Rede vortragen soll.
 c Tragt eure Anklagen in der Lerngruppe vor.
 d An wen könnte sich Iras Anwältin oder Anwalt wenden, um zu erreichen, dass es Ira künftig besser geht? Diskutiert eure Ideen.

Lebensmittelpunkt „Straße“

In vielen Ländern leben Kinder auf der Straße. Das ist vor allem in Großstädten so, etwa in Guatemala City. Tausende Kinder haben dort kein festes Zuhause. Andere verdienen sich tagsüber Geld durch Gelegenheitsjobs und kehren nachts in ihre Elendsviertel am Stadtrand zurück. Weltweit gibt es laut der Hilfsorganisation UNICEF rund 100 Millionen Straßenkinder.
In Guatemala City haben Straßenkinder kaum eine Chance, eine regelmäßige Arbeit zu bekommen. Um zu überleben, müssen sie sich meistens schon in jungen Jahren um ihr Essen und Trinken kümmern. Notfalls stehlen sie auch, bevor sie verhungern. Um Hunger und Kälte nicht zu spüren, trinken sie Alkohol oder schnüffeln Klebstoff und Benzin. Die Kinder leben in ständiger Angst vor privaten Sicherheitsdiensten. Diese bedrohen und vertreiben Straßenkinder, weil sie die Stadt angeblich durch Verbrechen unsicher machen. Obwohl es Kinderrechte gibt, sind obdachlose Kinder oft Gewalt ausgeliefert. Rechtlichen Schutz bekommen sie selten. Sie haben Angst davor, nicht mehr arbeiten zu können, krank oder sogar getötet zu werden.

1 *Straßenkind in Guatemala City*

1 Schau dir das Bild genau an.
- **a** Stell dir vor, du gehst als Fußgänger vorüber. Teilt mit, was euch spontan in den Sinn kommt.
- **b** Was könnte der Junge gerade denken? Sammelt gemeinsam Ideen.

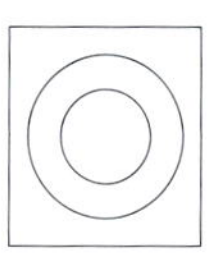

2 Bereitet in der Lerngruppe ein großes Plakat mit zwei Kreisen vor.
- **a** Lies den Text zweimal leise für dich durch.
- **b** Wo genau liegt Guatemala City? Was ist in dieser Stadt sonst so los? Sammelt Informationen und recherchiert in Atlanten und Lexika.
- **c** Schreibt in die Mitte des Plakats die Frage „Wie leben Kinder in Guatemala City auf der Straße?“ Notiert in den kleineren Kreis möglichst viele Stichpunkte.

Geburtstag

Sabrina Tophofen beschreibt in ihrem Buch „So lange bin ich vogelfrei. Mein Leben als Straßenkind" eindrücklich ihr Leben als Straßenkind Topi in Köln.

Und dann ist er da – mein zwölfter Geburtstag! Ich weiß gar nicht, warum, aber irgendwie fühl ich mich besonders heute! [...] An diesem Morgen versuch ich, mich irgendwie sauber zu kriegen. Seit Monaten hab ich nicht mehr geduscht oder mir die Zähne geputzt – wo denn auch? Ich sehe scheiße aus. Und ich stinke nach Straße, nach ungewaschenen Klamotten, nach Schweiß und Rauch. Der Geruch der Bahnhofstoiletten schlägt mir schon entgegen, bevor ich die Tür aufmache. [...] Mist! Die Putzkolonne war noch nicht da. [...]

Am Waschbecken halt ich meine Hände unter das eiskalte Wasser. Seife gibt es hier keine. Dann spritz ich mir das Wasser ins Gesicht. Heute, zur Feier des Tages, nehme ich mir noch Zeit und fahre mit den nassen Fingern durch meine Haare. Die sind noch immer ziemlich kurz. Gefällt mir aber. Ich will auf keinen Fall wie eine Tusse aussehen. Ich spül meinen Mund aus. Meine Zähne fühlen sich pelzig an. Trotz all dem Zahnpflegekaugummi, das ich immer wieder irgendwo mitgehen lasse. In den Spiegel schau ich die ganze Zeit nicht. Ich will mir ja nicht die Laune verderben. Und jetzt bloß raus hier!

Draußen auf dem Vorplatz scheint die Sonne. Als ich um die Ecke biege, sehe ich an unserem Platz Jenny auf einem der Steinsärge vor dem Museum sitzen. Klaus, Peggy und Melli sind auch da. [...] Aufgeregt zieht sie [Peggy] eine Plastiktüte hervor und legt sie mir auf die Knie. „Alles Liebe zum Geburtstag, Topi!"

Überrascht fühle ich das Gewicht der Tüte auf meinen Beinen. Das ist mein erstes Geschenk. So fühlt sich das also an. Vorsichtig linse ich in die Tüte. Dann ziehe ich etwas Dunkelrotes heraus – eine echte Levisjeans! Mit großen Taschen auf dem Hintern – Wahnsinn! „Peggy, das ist echt cool! Obercool, das ist der Hammer – ich liebe große Taschen auf dem Hintern, danke!" Wir fallen uns in die Arme. Sofort zieh ich mich um. Die neue Hose fühlt sich wunderbar weich an. Wenn ich an mir runtergucke, sehe ich jetzt keine schmutzigen Beine und Füße mehr. Nur noch meine Zehen schauen unter dem Saum hervor.

d Stellt euch vor, ihr trefft ein Straßenkind aus Guatemala City. Was wollt ihr ihm gern sagen? Schreibt eure Mitteilungen in den großen Kreis.

3 Auch der Junge auf dem Eingangsbild (Seite 111) lebt auf der Straße. Was könnte er uns von sich erzählen?

a Nimm dir eine Minute Zeit, das Foto still zu betrachten.

b Lasst eure Fantasie spielen und erfindet gemeinsam eine Erzählung. Alle können kann dazu einige Sätze beitragen. So könnt ihr beginnen: „Ich war nicht schon immer hier."

4 Wie feiert man Geburtstag auf der Straße?

a Lest den Text „Geburtstag" zuerst still für euch, danach noch einmal laut in der Lerngruppe.

b Äußert kurz eure Eindrücke zum Text.

c Schreibe eine Geburtstagskarte an Topi: Was wünschst du ihr? Was willst du von ihr wissen?

d Lest einige eurer Fragen an Topi vor und sucht mit eurer Lehrkraft nach möglichen Antworten.

Kleider machen Leute – Leute machen Kleider

Florian, Redakteur einer Schülerzeitung, hat ein Gespräch mit Jugendlichen über Kleidung geführt.

Florian: Worauf achtet ihr, wenn ihr Kleidung kauft?

Tamara: Dass sie cool aussieht natürlich. Alles andere ist zweitrangig.

Florian: Und was ist cool?

Tamara: Also modisch muss es schon sein. Außerdem möchte ich zeigen, dass ich eine gute Figur habe.

Fiona: Naja, ich finde es auch wichtig, dass die Kleider zu mir passen. Ich möchte nicht wie so eine Modetussi aussehen.

Florian: Was ist euch Jungs wichtig?

Luca: Also ich fahre jeden Nachmittag Skateboard, da ist Bequemes angesagt.

Tamara: Ich glaube, manche Jungs ziehen einfach das an, was ihre Mutter ihnen kauft.

Luca: Na und? Besser als die, die mit teuren Markenklamotten angeben.

Florian: Kauft ihr denn auch bestimmte Marken?

Fiona: Ich kaufe nur gute Marken, damit ich mich nicht ärgern muss, wenn nach dem ersten Waschen alles ausgewaschen oder kaputt ist.

Ben: Ich mag keine Kleidung, die nach Chemie riecht. Ich habe mal von einem neuen grünen T-Shirt so einen komischen Ausschlag bekommen. Ich glaube, ich war gegen den Farbstoff allergisch.

Jenny: Kleider-Tausch-Partys sind ein Geheimtipp. Die Sachen dort sind schon so oft gewaschen worden, dass die ganze Chemie raus ist. Manchmal bekommt man sogar Markenklamotten.

Florian: Habt ihr schon einmal daran gedacht, wer die Kleidung herstellt?

Luca: Wenn da „Made in India“ draufsteht, werden es wohl Inder gewesen sein.

Ben: Das finde ich irgendwie blöd. Hier gibt es doch so viele Leute, die Arbeit suchen. Warum machen die dann das Zeug nicht in Deutschland?

Tamara: Weil das viel zu teuer wäre – oder möchtest du doppelt so viel für deine Jeans bezahlen?

1 Mit so vielen verschiedenen Meinungen hat der Redakteur der Schülerzeitung nicht gerechnet.
- a Lest das Interview mit verteilten Rollen.
- b Zeichne zwei Sprechblasen in dein Heft. Schreibe in die eine Sprechblase eine Aussage aus dem Gespräch, die du befürwortest, und in die andere eine, die du ablehnst.

2 Eine Clique geht einkaufen. In einem Bekleidungsgeschäft fangen die Jugendlichen an, sich über Kleidung zu streiten. Bereitet zu dieser Vorgabe eine kurze Szene vor.
- a Bildet Gruppen und entscheidet: Wer kommt in der Szene vor? – Wer vertritt welche Meinung? – Wie endet die Szene? – Wer von euch übernimmt welche Rolle?
- b Probiert eure Szene in der Gruppe aus.
- c Spielt euch die Szenen nun gegenseitig vor und besprecht kurz, worüber hier jeweils gestritten wird.

3 Woher kommt unsere Kleidung?
- a Findet heraus, in welchen Ländern eure Oberteile (T-Shirts, Pullover ...) hergestellt wurden. Erstellt eine Rangliste, woher die meiste Kleidung kommt.
- b Sammelt, was ihr über die Top-3-Länder wisst.
- c Stellt Vermutungen an, warum viele Firmen für die Produktion von Textilien Standorte in Asien bevorzugen.

Die Reise eines T-Shirts

Hast du dich schon einmal gefragt, wo dein T-Shirt hergestellt wird? Nicht selten umrundet ein T-Shirt bzw. das, was einmal eines werden soll, fast den ganzen Erdball. Seine Reise kann so aussehen:

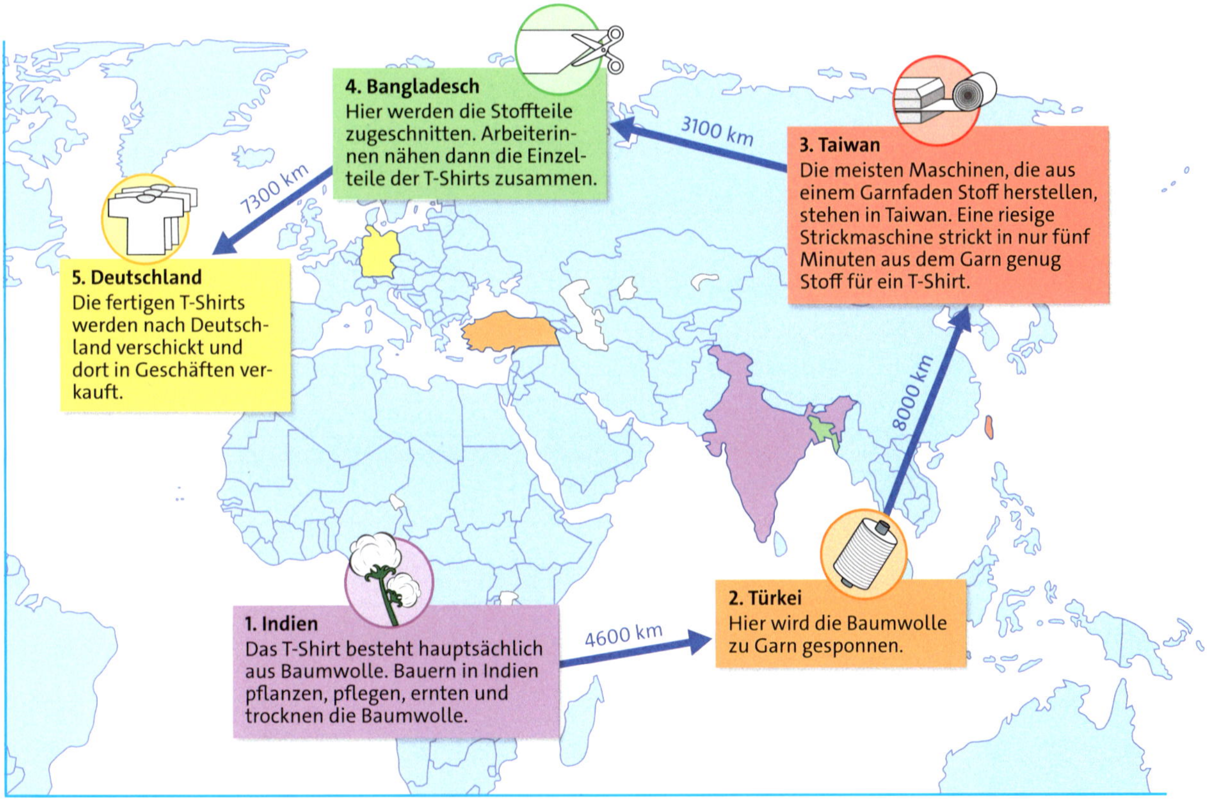

2 *Die Reise eines T-Shirts – von der Entstehung bis zum Verkauf*

4 Nimm dir Zeit und betrachte das Schaubild genau: Notiere, was dich verwundert. – Berechne, wie viele Kilometer das T-Shirt insgesamt zurückgelegt hat. – Schätze, durch wie viele Hände das T-Shirt auf seiner Reise gewandert ist. Beginne bei dem Bauer, der die Baumwolle in Indien pflanzt, und fahre fort bis zur Verkäuferin, die das T-Shirt in Deutschland ins Regal legt.

5 Ein T-Shirt unternimmt eine lange Reise.

a Beschreibe diese Reise aus Sicht des Kleidungsstücks. Beginne folgendermaßen: Ich bin ein weißes T-Shirt und wurde heute von Ben für 4,95 Euro gekauft. Ich habe bereits eine lange Reise hinter mir …

b Lest euch eure Reisebeschreibungen in kleinen Gruppen gegenseitig vor.

6 Die Kosten eines T-Shirts, das hier in Deutschland für 4,95 Euro zu kaufen ist, verteilen sich in etwa so: 2,10 Euro gehen an den Einzelhandel, 85 Cent werden für Steuern und Transport benötigt, 65 Cent kostet die Werbung, 82 Cent verdient die herstellende Fabrik, 13 Cent bekommen die Näherinnen und Näher, 40 Cent kostet das Material. Diskutiert miteinander, ob diese Verteilung fair ist.

Nächstenliebe – sonnenklar?

Unter allen Zuhörerinnen und Zuhörern Jesu fragt einer nach dem Wichtigsten. Dieser eine, ein Schriftgelehrter, will unbedingt erfahren, welches das allerwichtigste Gebot unter den Weisungen seines Volkes ist.

28 Ein Schriftgelehrter hatte ihrem Streit zugehört; und da er bemerkt hatte, wie treffend Jesus ihnen antwortete, ging er zu ihm hin und fragte ihn:

Welches Gebot ist das erste von allen?

29 Jesus antwortete:

Das erste ist: *Höre, Israel, der Herr, unser Gott, ist der einzige Herr.* 30 *Darum sollst du den Herrn, deinen Gott, lieben mit ganzem Herzen und ganzer Seele, mit deinem ganzen Denken und mit deiner ganzen Kraft.* 31 Als zweites kommt hinzu: *Du sollst deinen Nächsten lieben wie dich selbst.* Kein anderes Gebot ist größer als diese beiden.

32 Da sagte der Schriftgelehrte zu ihm:

Sehr gut, Meister! Ganz richtig hast du gesagt: *Er allein ist der Herr und es gibt keinen anderen außer ihm* 33 *und ihn mit ganzem Herzen, ganzem Verstand und ganzer Kraft zu lieben und den Nächsten zu lieben wie sich selbst*, ist weit mehr als alle Brandopfer und anderen Opfer.

34 Jesus sah, dass er mit Verständnis geantwortet hatte, und sagte zu ihm:

Du bist nicht fern vom Reich Gottes.

Und keiner wagte mehr, Jesus eine Frage zu stellen. (Mk 12,28–34)

1 Zwei Personen – ein Gespräch.
- a Einigt euch, wer den Text außerhalb der Sprechblasen, wer die Worte Jesu und wer die des Schriftgelehrten vortragen soll. Lest das Gespräch in verteilten Rollen vor. Wiederholt dies mit neuen Sprechern.
- b Diskutiert, ob Jesus und der Schriftgelehrte Gegner sind, die miteinander streiten.
- c Zum Schluss sagt Jesus zum Schriftgelehrten: „Du bist nicht fern vom Reich Gottes." Wie könntest du das anders ausdrücken? Notiere einen neuen Satz, der mit „Du" anfängt.
- d Stellt einige eurer Sätze vor und erklärt jeweils kurz, was ihr mit eurem Satz sagen wollt.

2 Ein Teil von Jesu erstem Redebeitrag ist durch Schrägschrift hervorgehoben. Hier zitiert Jesus aus der ↗Tora, und zwar zuerst aus Dtn 6,4f. und dann aus Lev 19,18b.
- a Schreibe die kursiv geschriebenen Worte Jesu in dein Heft.
- b Vor dir siehst du das Gebot, Gott, den Nächsten und sich selbst zu lieben. Überlege dir eine passende Abbildung zu diesem dreifachen Gebot und skizziere sie in deinem Heft.

- **c** Bildet kleine Gruppen. Zeigt und erläutert euch dort eure Skizzen. Einigt euch auf eine Abbildung, die ihr so gelungen findet, dass ihr sie der Lerngruppe vorstellen wollt.

3 „Du sollst deinen Nächsten lieben wie dich selbst.“ (Lev 19,18b) antwortet Jesus auf die Frage nach dem wichtigsten Gebot in Mk 12,31. Aber wer ist das denn, mein Nächster?

- **a** Arbeitet zu zweit: Schreibt alle zwölf Antworten (siehe oben auf dieser Seite) zu dieser Frage auf kleine Zettel und sortiert sie als Rangliste von „sonnenklar“ (Platz 1) bis „ultraschwierig“ (Platz 12).
- **b** Sammelt an der Tafel alle Aussagen, die ihr als „sonnenklar“ eingestuft habt. Tauscht euch in der Lerngruppe darüber aus, warum ihr gerade diese Antworten auf Platz 1 gesetzt habt. Sammelt nun die „ultraschwierigen“ Aussagen. Besprecht, was euch daran unklar oder strittig erscheint.

4 Welche der zwölf Antworten könnte aus dem Mund Jesu stammen?

- **a** Entscheide dich für eine Aussage und notiere sie.
- **b** Finde dich im Klassenzimmer mit denen zusammen, die dieselbe Aussage gewählt haben wie du.
- **c** Teilt euch in den Gruppen mit, warum die gewählte Antwort zu Jesus passt.
- **d** Wählt eine Person, die eure Begründungen in der Lerngruppe kurz vorstellt.

5 Blättert auf Seite 120/121 zurück und diskutiert, ob auch Sina oder Ira deine Nächste sein kann.

Kinder helfen Kindern

Schon von weitem erkennt man sie an ihrem Stern und ihrer königlichen Verkleidung: die Sternsinger. Rund um den 6. Januar – den Dreikönigstag – ziehen Kinder und Jugendliche als Heilige Drei Könige verkleidet von Haus zu Haus, um den Segen Gottes zu den Menschen zu bringen und für Kinderhilfsprojekte in aller Welt zu sammeln. Ihr Segen lautet: „C+M+B". Die Abkürzung steht für „↗Christus Mansionem Benedicat" und bedeutet „Christus segne dieses Haus". Sie wird, ergänzt um die aktuelle Jahreszahl, von den Sternsingern mit Kreide an die Eingangstür des Hauses geschrieben.
In der Vorbereitung auf die Aktion erfahren die Sternsinger jedes Jahr etwas über die Situation von Kindern in einem bestimmten anderen Land; im Jahr 2016 ging es beispielsweise um Kinder in Bolivien. Die Spenden, die die Sternsinger sammeln, helfen mit, dass sich die Lebensbedingungen von Kindern in über 100 Ländern langfristig verbessern können. Das Sternsingerprojekt gilt daher heute als weltweit größte Hilfsaktion von Kindern für Kinder.

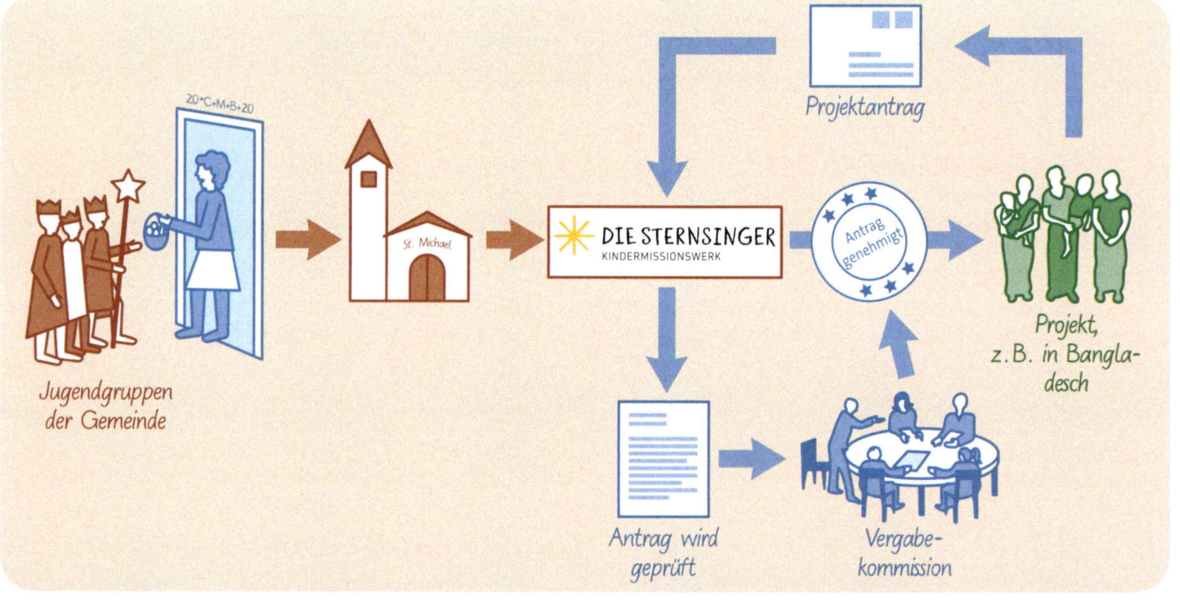

1 Berichtet von euren eigenen Erlebnissen mit den Sternsingern.

2 Lies den obigen Text aufmerksam durch.
  a Klappe dein Buch zu und notiere drei Informationen über die Sternsinger, die du dir gemerkt hast.
  b Vergleicht und ergänzt eure Notizen zu zweit.

3 Betrachtet die Grafik. Lasst euch von zwei Freiwilligen erklären, wie das von den Sternsingern gesammelte Geld bei einem Hilfsprojekt landet.

4 Erkundet das Projekt auf der rechten Seite.
  a Benennt, was ihr auf beiden Fotos erkennen könnt.
  b Lest den Text „Schule auf einem Boot" laut vor. Sammelt, was ihr über dieses Boot erfahrt.

Schule auf einem Boot

4 *Schulboot in Bangladesch*

5 *Unterricht auf dem Schulboot*

Bangladesch ist durchzogen von zahlreichen Flüssen, die häufig das Land überfluten. Wenn die Straßen und Wege während der Regenzeit überschwemmt sind, haben die Kinder in der Region Chalanbeel ein großes Problem: Sie kommen nicht mehr zu ihrer Schule. Doch gerade für die ärmeren Kinder kann nur eine gute Ausbildung eine bessere Zukunft bringen. Die Organisation „Shidhulai Swanirvar Sangstha“ hat es sich deshalb zum Ziel gemacht, die Lebensumstände von den Kindern, die an den Ufern der Flüsse leben, zu verbessern. Sie hat mittlerweile 20 solarbetriebene Boote für den Schulunterricht gebaut. Diese Boote holen die Kinder täglich ab; der Unterricht findet auf dem Boot statt. Anschließend fahren die Kinder mit demselben Boot wieder nach Hause. So kann der Unterricht das ganze Jahr stattfinden. Die Organisation stellt neben den Unterrichtsräumen auf den Booten auch das Unterrichtsmaterial und die Bücher für die Schülerinnen und Schüler. Jedes Boot besitzt außerdem eine kleine Bücherei und einen Computer. Darüber hinaus nimmt jedes Kind nach dem Unterricht eine durch Solarzellen aufgeladene Laterne mit nach Hause, um auch noch im Dunkeln die Hausaufgaben erledigen zu können. Damit noch mehr Kindern eine Grundschulausbildung ermöglicht werden kann, wollen die Menschen in Chalanbeel zwei weitere solarbetriebene Schulboote bauen. Dabei werden sie mit Geldspenden aus der Sternsingeraktion unterstützt.

5 Schreibe im Namen der Organisation „Shidhulai Swanirvar Sangstha“ einen Dankesbrief an das Kindermissionswerk in Aachen. Berichte dabei kurz, was die Menschen in Chalanbeel mit den Geldspenden gemacht haben. Legt die Briefe aus und lest sie bei einem Rundgang durch.

6 Neben den Sternsingern gibt es in Deutschland fünf weitere große Hilfswerke der katholischen Kirche: Adveniat, Caritas, Misereor, Missio und Renovabis. Bildet zu jedem Hilfswerk eine Gruppe.

- **a** Sammelt Informationen zu eurem Hilfswerk. Recherchiert dazu auf dessen Internetseiten.
- **b** Gestaltet ein Plakat zu eurem Hilfswerk: Zeichnet zuerst dessen Logo auf. – Fasst kurz zusammen, wie das Hilfswerk entstanden ist. – Notiert, für wen oder was es sich einsetzt. – Beschreibt eine Aktion, die es durchführt.
- **c** Stellt die Hilfswerke in der Lerngruppe vor.

7 In aller Regel streben die Hilfswerke nicht danach, Menschen für den christlichen Glauben zu gewinnen. Auch wenden sie sich nicht allein an Christen. Was ist dann das Christliche bei diesen Hilfswerken? Besprecht eure Meinungen.

Segen bringen – Segen sein

Aktion Dreikönigssingen

In diesem Kapitel hast du erfahren, wie unterschiedlich und vielfältig das Leben von Kindern auf der ganzen Welt ist. Das Sternsingerprojekt ist die weltweit größte Hilfsaktion von Kindern für Kinder.

6 *Plakat für die Sternsingeraktion im Jahr 2016*

1 Das Plakat verbindet eine Fotografie mit geschriebenen Worten.
  a Beschreibe in wenigen Sätzen, was auf dem Foto im Vorder- und im Hintergrund zu sehen ist.
  b Erläutere knapp, wie dir die Fotografie gefällt.

Zwei Hilfsprojekte unter der Lupe

Viele Schülerinnen und Schüler engagieren sich einzeln, als Klasse oder als Schule für andere Menschen. Tim und Maria beschreiben hier zwei Projektbeispiele.

Tim: Zu Weihnachten sammeln wir an unserem Gymnasium Spenden für unsere Partnerschule in Tansania. Mit diesem Geld kauft die dortige Schulleiterin zusammen mit dem Lehrerkollegium Schultaschen und Unterrichtsmaterial für die neuen Schülerinnen und Schüler, die sich dies niemals leisten könnten. Die Verantwortlichen in Tansania wissen am besten, was die Schülerinnen und Schüler brauchen. Außerdem helfen die regional eingekauften Taschen, Stifte oder Hefte auch den Geschäften vor Ort. Wenn wir die Sachen hier einkaufen würden, müssten wir alles nach Tansania schicken. Das finden wir ökologisch nicht sinnvoll.

Maria: Wir sind entsetzt, dass so viele Kinder und Jugendliche auf der Flucht vor Krieg und Gewalt sterben. Wir wollen uns für sichere Fluchtwege einsetzen. Auch sollen die Ursachen, warum Menschen fliehen müssen, bekämpft werden. Viele Klassen aus unserer Schule haben Holzplanken, wie sie im Bootsbau verwendet werden, hergestellt, bemalt und sie dann an die Aktion „Leben retten" geschickt. Aus allen Holzplanken wurde ein großes Boot gebaut, das zum Weltflüchtlingstag am 20. Juni an Politikerinnen und Politiker übergeben wurde. Die haben nicht schlecht gestaunt. Hoffentlich konnten wir dazu beitragen, dass die Verantwortlichen nun mehr für die Flüchtlinge tun.

2 Auf dem Plakat sind zwei Aussagen zu lesen. Du kannst dir aussuchen, mit welcher du dich beschäftigen willst. Bearbeite deshalb nur eine der beiden folgenden Teilaufgaben.

- **a** Unter dem Motto „Segen bringen ✳ Segen sein" ziehen Kinder und Jugendliche als Sternsinger durch ihre Gemeinden. Stell dir vor, dir begegnet eine Freundin, die noch nie etwas davon gehört hat. Erkläre ihr, für wen und auf welche Weise die Sternsinger „Segen bringen".
- **b** Die Sternsinger wollen „Respekt für dich, für mich, für andere" fördern. Nimm in drei Sätzen dazu Stellung, ob dieses Ziel der Sternsinger zum dreifachen Liebesgebot passt, das Jesus formuliert hat.

3 Lies aufmerksam durch, was Tim und Maria von ihren Projekten berichten.

- **a** Benenne zwei wichtige Unterschiede, die du zwischen den beiden Projekten finden kannst.
- **b** Bei welchem der beiden Projekte würdest du lieber mitmachen? Triff eine Entscheidung und begründe sie.

Handel in der einen Welt

Kathrin und Sebastian verbringen ihren Urlaub in Indien.
Heute machen sie einen Ausflug aufs Land.

1 Was haben Kathrin und Sebastian bei ihrem Ausflug in Indien erlebt?

a Betrachte die einzelnen Bilder des Comicstrips, ohne die Sprechblasen zu lesen. Entwirf in Gedanken deine eigene Geschichte.

b Lest anschließend die Sprechblasen mit verteilten Rollen vor.

c Was bringt dich beim Lesen dieses Comicstrips zum Nachdenken? Schreibe eine Denkblase auf einen kleinen Zettel. Bittet drei Personen, alle Zettel der Lerngruppe einzusammeln und vorzulesen.

2 Was hier geschieht, ist unfair. Liegt das nur an dem Mann, der Ravi die Baumwolle abkauft? Blättert noch einmal auf die Seiten 124/125 zurück und erläutert eure Standpunkte zu dieser Frage.

7 *Produkte aus dem Weltladen*

Unterwegs: Frau Leistner, Sie leiten einen Weltladen. Was genau ist das eigentlich?

Frau Leistner: Weltläden sind die Fachgeschäfte für fairen Handel. In Deutschland gibt es mittlerweile um die 800 Weltläden. Die Weltläden waren es, die von Anfang an für den Verkauf fair gehandelter Produkte sorgten und gleichzeitig die Idee des fairen Handels verbreiteten.

Unterwegs: Was ist fairer Handel?

Frau Leistner: Im Unterschied zum normalen Handel wird den Bauern und Handwerkern, die für den fairen Handel (engl. fair trade) produzieren, ein festgelegter Mindestpreis bezahlt, der nicht unterschritten werden darf. Die fairen Preise und eine langfristige Handelsbeziehung zwischen Produzenten und Käufern ermöglichen den Produzenten ein höheres, verlässlicheres Einkommen.

Unterwegs: Und warum arbeiten Sie in einem Weltladen?

Frau Leistner: Ich begleite den fairen Handel seit Ende der 1970er-Jahre, als die Fairhandelsbewegung in Deutschland so richtig aktiv wurde. Seit wir im Jahr 2000 hierher gezogen sind, bin ich im Laden mit dabei. Ich möchte auf die ungerechten Handelsbedingungen in den südlichen Ländern aufmerksam machen und mich für Menschen einsetzen, die keine Schule besuchen konnten, weil sie seit ihrer Kindheit mitarbeiten mussten. Der faire Handel ist eine Chance, dass ihre Kinder zur Schule gehen können und es ihnen später besser geht.

Unterwegs: Was bietet der Weltladen neben dem Verkauf von fair gehandelten Produkten noch?

Frau Leistner: Im Weltladen kann man sich auch über den fairen Handel informieren. So können Schulklassen einen Workshop besuchen – oder die Mitarbeiter beraten die Schüler, welche Aktionen sie an ihrer Schule mit fairen Produkten durchführen können.

3 „Unterwegs“ hat in Bayern einen besonderen Laden besucht.

- **a** Schaut das obige Bild genau an und zählt möglichst viele Produkte auf, die es dort zu kaufen gibt.
- **b** Lasst euch das Interview von zwei Mitschülern vorlesen.
- **c** Was ist Frau Leistner beim Handel und beim Verkaufen wichtig? Notiert wesentliche Punkte an der Tafel.

4 Eine normale Tafel Schokolade kostet oft nur 55 Cent, für eine fair gehandelte Tafel bezahlt man dagegen mindestens 1,49 Euro. Sucht nach Gründen, warum man für die eine oder andere Tafel Schokolade trotzdem mehr Geld ausgeben sollte.

5 Wo kannst du in deiner näheren Umgebung fair gehandelte Produkte kaufen? Mach dich bis zur nächsten Stunde schlau. Recherchiere und schreibe alle Verkaufsorte auf, die du findest.

Unser Einsatz

Die Schülerinnen der Ursulinen Realschule in Straubing wollten nicht länger nur zusehen, wie die Ressourcen der Erde und viele Menschen auf der Welt ausgebeutet werden. 2007 begannen sie, sich für Umweltschutz einzusetzen, indem sie eine Papier-AG gründeten. Seitdem verkaufen sie in einer großen Papieraktion zweimal jährlich Hefte und Blöcke aus recyceltem Papier an alle Klassen. Mittlerweile ist aus der Papier-AG das Fair-Trade-Team geworden. Beim fairen Handel bekommen die Produzentinnen und Produzenten aus anderen Ländern genügend Geld, um von den Einkünften ihrer (selbst produzierten) Waren angemessen leben zu können. Zugleich wird sichergestellt, dass diese Waren unter menschenwürdigen und umweltschonenden Bedingungen hergestellt werden.

Das Straubinger Fair-Trade-Team bietet nicht nur bei besonderen Anlässen (wie Schulfesten, Projekttagen, Advents- oder Elternabenden) Produkte aus fairem Handel an. Im Eine-Welt-Kiosk „Nono“ verkaufen Schülerinnen in jeder Schulpause fair gehandelte Schokoriegel, Süßigkeiten und Recyclingpapier. In vielen Fächern ist der gerechte Handel jetzt Thema.

Die Mädchen vom Fair-Trade-Team haben angestoßen, dass ihre Realschule offiziell als Fair-Trade-Schule ausgezeichnet wurde. Fair-Trade-Schulen, von denen es immer mehr in Deutschland gibt, müssen fünf Bedingungen erfüllen (siehe Grafik).

Schülerinnen und Schüler, Lehrerinnen und Lehrer sowie Eltern gründen ein gemeinsames Fair-Trade-Team.

▼

Die Schulleitung unterzeichnet einen Vertrag, in dem steht, was die Schule alles zum gerechten Handel unternimmt.

▼

Mindestens zwei fair gehandelte Produkte werden regelmäßig in der Schule angeboten.

▼

Fair Trade ist Unterrichtsthema in mindestens zwei Jahrgängen.

▼

Mindestens einmal in jedem Schuljahr gibt es eine größere Schulaktion zum gerechten Handel.

1 Fair Trade – ein Thema für die Schule?
- **a** Lies den Bericht und erfinde selbst eine Überschrift aus maximal fünf Wörtern, die treffend aussagt, was in der Straubinger Schule passiert ist.
- **b** Stellt eure Überschriften vor und besprecht, welche am besten zum Bericht aus Straubing passen.
- **c** Die Grafik zeigt fünf Schritte auf, um zu einer Fair-Trade-Schule zu werden. Findet zu zweit heraus, welche dieser Schritte im Text angesprochen werden und welcher dort fehlt. Prüft in der Lerngruppe, wer die richtige Lösung gefunden hat.
- **d** Sollte jede Schule fair gehandelte Produkte verkaufen? Sammelt Gründe dafür oder dagegen und diskutiert sie.

2 Viele Schulen in Deutschland wurden bereits als Fair-Trade-Schule ausgezeichnet oder sind auf dem Weg dazu. Recherchiere als Hausaufgabe, welche fünf davon am nächsten zu deinem Gymnasium liegen. **Tipp:** Zuständig für die Anerkennung ist die „Kampagne Fairtrade-Schools“.

8 *Mitglieder des Fair-Trade-Teams der Ursulinen Realschule in Straubing*

Marina, Katja, Milena und Theresa aus dem Straubinger Fair-Trade-Team erklären, warum sie sich für den fairen Handel einsetzen:

Milena: Mich stört, dass wir die billige Schokolade kaufen und die, die sie herstellen, so wenig Geld dafür bekommen und ihre Kinder nicht in die Schule schicken können. Es ist mir ein Anliegen, dass die Leute, die die Produkte herstellen, das Leben ihrer Familie finanzieren können.

Marina: Die Papieraktion hat schon Tradition an unserer Schule. Da verkaufen wir recycelte Hefte und Blöcke an die einzelnen Klassen. Wir wollen unsere Schule dazu bringen, so viel recyceltes Papier wie möglich zu verwenden.

Theresa: Wir haben ja nicht Ressourcen, die für immer da sind. Irgendwann sind die halt erschöpft. Ich will eine Welt hinterlassen, die man noch brauchen kann.

Katja: Wir sagen immer: Es ist ja so tragisch, dass der tropische Regenwald am Amazonas abgeholzt wird und dass die Leute dort Kinderarbeit zulassen, aber selbst tun wir nichts. Das wollen wir ändern und deshalb haben wir gesagt: Wir gehen in die Kerngruppe des Fair-Trade-Teams.

3 Was motiviert die Straubinger Schülerinnen?
   a Lies das Interview zunächst still durch. Tragt es dann mit verteilten Rollen vor.
   b Sammelt auf einem Plakat in Stichworten, warum sich die vier Mädchen engagieren.
   c Welche Motive könnte es noch geben, sich für fairen Handel einzusetzen? Ergänzt die Stichwortsammlung durch eure eigenen Ideen.
   d Begründe, welche Motivation dich selbst am meisten überzeugt.

4 Stellt euch vor, an eurem Gymnasium soll ein Projekttag „One World – one Team“ stattfinden, an dem sich die ganze Schule an Aktionen für andere Menschen oder für den Erhalt der Schöpfung beteiligen soll. Ihr seid für die Werbung zuständig. Bildet dazu Kleingruppen.
   a Formuliert mindestens drei Werbesprüche für ein Poster, das eure Mitschülerinnen und Mitschüler für den Projekttag motivieren soll. Beachtet dabei auch die Motive, die ihr in Aufgabe 3 gesammelt habt.
   b Entscheidet euch für den motivierendsten Werbespruch.
   c Sammelt alle weiteren Informationen, die auf eurem Poster enthalten sein sollten, wie beispielsweise den Namen eurer Schule, das Datum des Projekttags sowie einige geplante Aktionen.
   d Entwerft nun ein DIN-A3-Poster mit dem Werbespruch sowie allen wichtigen Informationen.
   e Präsentiert eure Ergebnisse in einer Klassenausstellung.

Wir Kinder haben Rechte

Wir Kinder haben Rechte,
unsre Träume, sie verändern die Welt!
Wir ändern die Welt!
Und wenn wir es wagen,
was wir fühlen, zu sagen,
wird sich endlich unsren Fragen gestellt.
Wir Kinder haben Rechte,
unsre Träume, sie verändern die Welt!

Kinder wollen Frieden,
wollen keinen Streit,
wünschen sich Geborgenheit
und zum Spielen Zeit!

Wir Kinder haben Rechte,
unsre Träume, sie verändern die Welt!
Wir ändern die Welt!
Und wenn wir es wagen,
was wir fühlen, zu sagen,
wird sich endlich unsren Fragen gestellt.
Wir Kinder haben Rechte,
unsre Träume, sie verändern die Welt!

Kinder wollen Freunde,
jemand, der sie liebt,
der sie tröstet und beschützt
und ihnen Nähe gibt!

Wir Kinder haben Rechte,
unsre Träume, sie verändern die Welt!
Wir ändern die Welt!
Und wenn wir es wagen,
was wir fühlen, zu sagen,
wird sich endlich unsren Fragen gestellt.
Wir Kinder haben Rechte,
unsre Träume, sie verändern die Welt!

Kinder wollen satt sein,
wissen, was geschieht!
Wenn du selber Kinder liebst,
sing mit uns dies Lied!

Markus Ehrhardt

1 Bildet Dreiergruppen und erweckt die Zeilen durch Sprechgesang zum Leben: Zwei von euch übernehmen den Refrain als „Backgroundchor“; das dritte Gruppenmitglied trägt die vierzeiligen Strophen vor.

2 Tauscht euch über das Lied aus. Folgende Fragen helfen euch dabei: Welche Kinderrechte spricht der Songschreiber in den einzelnen Strophen an? – Was will der Autor mit seinem Refrain bewirken?

3 Wählt ein Kinderrecht, das im Lied noch nicht vorkommt, und erfindet dazu eine eigene Strophe. Sie soll – wie im Lied – aus vier Zeilen bestehen und sich reimen.

4 Nehmt euren Sprechgesang samt eurer eigenen Strophen mit dem Handy auf. Achtet auf eine passende Betonung (laut/leise – langsam/schnell) und erfindet einen geeigneten akustischen Hintergrund (z. B. Pausen, Geräusche). Kommt danach im Sitzkreis zusammen und spielt euch eure Ergebnisse gegenseitig vor. Macht nach jedem Tondokument eine Pause, um über das Gehörte nachzudenken.

Lexikon

Elementarbegriffe der Religion

Altes Testament

Die Bibel besteht aus zwei großen Büchersammlungen. Der erste, ältere und weit umfangreichere Teil wird „Altes Testament" genannt. Er reicht vom Buch Genesis bis zum Buch Maleachi. Mit der ▸ Tora, den Geschichtsbüchern, der Weisheitsliteratur und den Prophetenbüchern lassen sich vier Schriftengruppen unterscheiden. Das Alte Testament erzählt die Geschichte Gottes mit seinem Volk Israel.

Apostel

Das Wort „Apostel" stammt aus dem Griechischen und bedeutet „Gesandter" oder „Bote". Jesus selbst berief zwölf Apostel als Vertreter der zwölf Stämme Israels (vgl. Lk 6,13–16). ▸ Paulus weitet den Kreis derer, die Apostel genannt werden, auf sich und andere aus, denen der Auferstandene begegnet ist (vgl. 1 Kor 9,1). Im übertragenen Sinn bezeichnet man Zeuginnen und Zeugen Jesu Christi bis heute als Apostel.

Auferstehung

Nach der Katastrophe der Kreuzigung wurden sich Jesu Jüngerinnen und Jünger gewiss: ▸ Christus ist auferstanden! Das Wort „Auferstehung" umschreibt, dass der Gekreuzigte, Gestorbene und vordergründig Gescheiterte von Gott selbst zu neuem Leben erweckt wurde. Der Glaube an diese Rettungstat Gottes bestimmt das Christentum bis heute. Christinnen und Christen hoffen darauf, dass die Auferstehung Jesu kein Einzelfall bleibt, sondern dass auch sie und möglichst viele andere Menschen durch Gott aus dem Tod gerettet werden. Niemand weiß genau, wie das neue Leben bei Gott aussieht. Doch begegnen bereits in der Bibel tröstliche Bilder, um die Hoffnung auf

1 *Das Kreuz als Lebensbaum – ein Bild der Auferstehung (Autobahnkirche St. Christopher, Baden Baden)*

ein Leben nach dem Tod auszudrücken, z. B. in Lk 22,30 („Ihr sollt in meinem Reich an meinem Tisch essen und trinken") oder in Offb 7,17 („Gott wird alle Tränen von ihren Augen abwischen"). Nicht nur Christinnen und Christen hoffen über den Tod hinaus, sondern auch Gläubige vieler anderer Religionen, etwa in Judentum und Islam.

Babylonisches Exil

„Babylonisches Exil" bezeichnet den Zeitraum 586 bis 538 v. Chr. sowie ein einschneidendes Ereignis in der Geschichte des Volkes Israel. Nach der Zerstörung Jerusalems und des ▸ Tempels wurden viele Israeliten für längere Zeit nach Babylon verschleppt. Angesichts dieser Verbannung stellten sich die Israeliten die drängende Frage, ob sie von Gott bestraft oder verlassen worden sind.

Beschneidung

Im Judentum soll jeder Sohn einer jüdischen Mutter am achten Tag nach seiner Geburt beschnitten werden. Dies gilt als eine der wichtigsten religiösen Pflichten und sollte nur bei gesundheitlichen Bedenken aufgeschoben werden. Das Gebot, sich beschneiden zu lassen, findet sich zum ersten Mal in Gen 17,10–12. Die Beschneidung markiert den Eintritt in den lebenslangen Bund mit Gott und ist ein unveränderliches Zeichen, das direkt am Körper sichtbar wird. Bei der Beschneidungszeremonie entfernt ein geübter Fachmann einen Teil der Vorhaut am Glied eines neugeborenen Jungen. Dieser Akt wird von rituellen Handlungen und Gebeten begleitet. Außerdem erhält der Junge dabei seinen Namen. Die Namensgebung eines neugeborenen Mädchens erfolgt meist während eines Schabbatgottesdienstes, wenn der Vater des Kindes zum Lesen der Tora gerufen wird. Das Gebot der Beschneidung gilt auch für Männer, die zum Judentum übertreten.

Christus

„Christus" bedeutet „der Gesalbte". Der Titel „Christus" stammt ursprünglich aus dem Griechischen und bedeutet das Gleiche wie das hebräische Wort „Messias". Als das Geschick Jesu mit seiner ▸ Auferstehung eine überraschende Wende genommen hatte, waren sich seine Jüngerinnen und Jünger sicher: Jesus ist der Christus, den das Volk Israel als Retter der Welt erwartet. Dieser Retter wird „Gesalbter" genannt, weil eine Salbung Gottes besondere Nähe ausdrückt. Als Zeichen der Zuwendung Gottes waren im ▸ Alten Testament schon Könige und Priester gesalbt worden. Im Vertrauen, dass sich in Jesus alle Hoffnung auf die Rettung der Welt erfüllt hat, bekennen ihn seine Anhängerinnen und Anhänger bis heute als den Christus, durch den Gott die Menschen befreit.

Exodus

Wenn viele Menschen ein Gebiet verlassen, spricht man von einem „Exodus", also „Auszug". In der Bibel bezeichnet das Wort „Exodus" ein ganz besonderes Ereignis, nämlich den Auszug der Israeliten aus Ägypten. Wie das biblische Buch Exodus erzählt, das nach diesem Ereignis benannt ist, gelang es einer Gruppe israelitischer Nomaden vor über 3000 Jahren in abenteuerlicher Weise, der Sklaverei in Ägypten zu entfliehen. Für die Geflohenen war ihre Befreiung aus den Klauen der Großmacht des Pharao kein Zufall. Sie waren davon überzeugt, dass JHWH selbst sie gerettet hat. Unermüdlich erinnert das ▸ Alte Testament an das Exodusgeschehen; keine Gottesaussage begegnet dort häufiger als die, dass JHWH die Israeliten aus Ägypten herausgeführt hat. Das Vertrauen, dass Gott sich im Exodus gezeigt hat und den Geknechteten auch zukünftig rettend zur Seite stehen wird, bestimmt den Glauben der Jüdinnen und Juden, die des Exodus am Pessachfest besonders gedenken. Aber auch für Christinnen und Christen ist Gott ein Gott des Exodus, der aus Not und Unterdrückung befreit.

Firmung

Um Gläubige zu stärken (lat. firmare) und ihre Gemeinschaft mit Christus und seiner Kirche zu besiegeln, werden sie in der Firmung durch einen Bischof oder dessen Beauftragten mit einem besonderen Öl, dem Chrisam (griech. chrisma: Salbung), gesalbt. Ursprünglich geschah dies sofort nach der zunächst üblichen Erwachsenentaufe.

2 *Ein Bischof salbt einen Firmling in Tansania*

Mehr und mehr setzte es sich aber durch, bereits Säuglinge und Kinder zu taufen. Sind Täuflinge so jung, erfolgt die Firmung erst viel später als die Taufe, nämlich in einem Alter, in dem die Firmlinge sich bewusst zu ihrem Glauben bekennen können. Die Firmung zeigt, dass sich die Gefirmten auf Gottes stärkenden Geist verlassen können (▸ Heiliger Geist). Sowohl römisch-katholische als auch orthodoxe Christinnen und Christen kennen eine solche Salbung und verstehen sie als eigenes Sakrament. In den evanglischen Kirchen gibt es stattdessen die Konfirmation, in der junge Menschen gesegnet werden und jene Taufentscheidung bekräftigen, die Eltern oder Ältere einst stellvertretend für sie getroffen haben.

Heiden

In biblischer Zeit wurden Nichtjuden als „Heiden" bezeichnet. Jesus selbst wandte sich mit seiner Botschaft vom Gottesreich an seine jüdischen Glaubensgeschwister, nicht an die andersgläubigen Heiden. Das spätere Christentum aber fand unter den Nichtjuden weit größeren Anklang als unter den Juden. Einer Minderheit von Judenchristen stand somit die überwiegende Mehrheit der Heidenchristen gegenüber. Diese waren nicht Juden, als sie sich zu ▸ Christus bekannten. Heutzutage gelten als „Heiden" oftmals Menschen, die überhaupt nicht an Gott glauben, was mit dem biblischen Sprachgebrauch nichts zu tun hat.

Heiliger Geist

Wer unter einem Geist ein Gespenst versteht, liegt völlig falsch, wenn es um den Heiligen Geist geht. Der Bibel zufolge ähnelt Gottes Geist vielmehr dem Atem, der uns Menschen belebt, und dem Wind, der die Welt bewegt. Dass Gott überraschend und stärkend im Leben spürbar wird, bringt Christinnen und Christen dazu, neben dem Vater und dem Sohn auch den Heiligen Geist zu nennen, wenn sie sich dem einen Gott zuwenden. So können sie beten: „Komm Heiliger Geist, der Leben schafft, erfülle uns mit Deiner Kraft" (aus dem Lied „Veni Creator Spiritus" des Hrabanus Maurus, gestorben 856).

Hilfswerke

Hilfswerke sind Organisationen, die Menschen in unterschiedlichsten Problem- und Notsituationen zur Seite stehen. Viele Hilfswerke entstammen den Religionen oder wurden von einzelnen Gläubigen ins Leben gerufen (z. B. die von einer buddhistischen Nonne in Taiwan gegründete Tzu Chi Foundation). Das Gebot der Nächstenliebe (vgl. Lev 19,18b und Mk 12,28–34) ernstnehmend, engagieren sich christliche Hilfswerke in Nah und Fern. So kämpfen einige (z. B. Brot für die Welt, Missio, Misereor, Adveniat) weltweit für Gerechtigkeit und Bildung sowie gegen Armut und Unterdrückung. Andere (z. B. Diakonie, Caritas) unterstützen Menschen hierzulande und lindern deren Nöte. Angewiesen sind Hilfswerke auf den Einsatz von Ehrenamtlichen und die Spendenbereitschaft vieler Menschen.

Märtyrer (auch: Martyrer)

Das Wort „Märtyrer" stammt aus dem Griechischen und bedeutet „Zeuge". Als Märtyrer gelten Menschen, die unter Einsatz ihres Lebens dafür einstehen, was ihnen wichtig ist. Männer und Frauen, die für den Glauben das eigene Leben riskierten, gab es im Christentum von Beginn an, z. B. Stephanus, Thekla oder die Märtyrer von Scili (siehe Seite 102/103), insbesondere zur Zeit der Christenverfolgung im Römischen Reich. Bis heute nehmen Menschen für ihre tiefsten Überzeugungen den Tod in Kauf (z. B. Dietrich Bonhoeffer, Sophie Scholl, Oscar Romero). Dass manche Menschen für den Glauben Leib und Leben aufs Spiel setzen, war für Christinnen und Christen seit jeher Ansporn, sich an diese Märtyrer zu erinnern und den Glauben auch für sich selbst wichtig zu nehmen.

Neues Testament

Die Bibel besteht aus zwei großen Büchersammlungen. Die zweite, jüngere und kleinere Sammlung wird „Neues Testament" genannt. Sie reicht vom Evangelium des Matthäus bis zur Offenbarung des Johannes. Mit den Evangelien, der

Apostelgeschichte, der Briefliteratur und der Johannesoffenbarung lassen sich vier Arten von Schriften unterscheiden. Das Neue Testament thematisiert Leben, Tod und ▸ Auferstehung Jesu Christi sowie den Glauben der frühen Christinnen und Christen.

Ostern/Osterfestkreis

Der Osterfestkreis beginnt am Aschermittwoch mit der 40-tägigen Fastenzeit. Bei ihr werden die Sonntage nicht mitgezählt, denn der Sonntag als Tag des Herrn ist ein Festtag (und kein Fasttag). Als Vorbild für das Fasten gilt Jesus, der laut biblischer Überlieferung 40 Tage und Nächte in der Wüste fastete (vgl. Mt 4,2). Die Fastenzeit mündet in die Karwoche („kara" ist ein althochdeutsches Wort und bedeutet „Klage" oder „Trauer"), die auch heilige Woche genannt wird. Von Palmsonntag bis Karsamstag erinnern sich Christinnen und Christen an die ▸ Passion Jesu. Von besonderer Bedeutung sind Karfreitag, Karsamstag und Ostersonntag, das sogenannte „Triduum" (Zeitraum von drei Tagen), das mit der Abendmesse am Gründonnerstag eröffnet wird. Der Zielpunkt ist Ostern als höchstes und wichtigstes Fest im kirchlichen Jahreskreis. Weltweit feiern Christinnen und Christen an Ostern die ▸ Auferstehung Jesu und seinen Sieg über den Tod. Die sich anschließende Osterzeit dauert 50 Tage. Sie beginnt mit dem Ostersonntag und endet mit dem Pfingstfest. In diesen Zeitraum fällt auch das Fest Christi Himmelfahrt: 40 Tage nach Ostern gedenken die Gläubigen der Rückkehr Jesu zu seinem himmlischen Vater, bevor sie an Pfingsten die Sendung des ▸ Heiligen Geistes feiern.

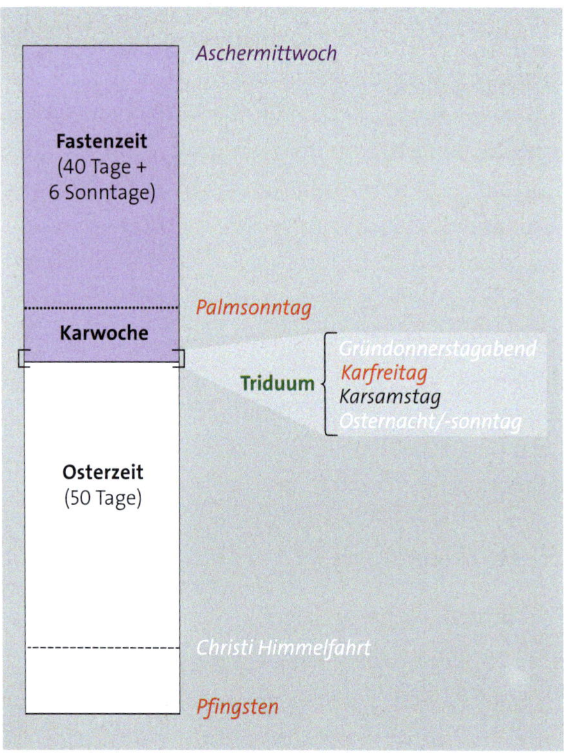

3 *Der Osterfestkreis und seine liturgischen Farben*

Passion

Vom lateinischen Verb „pati" (leiden) kommend, bezeichnet „Passion" das Leiden Jesu und seinen Leidensweg, der ihn ans Kreuz führte. Im Glauben, dass der Gottessohn das Leiden aller Menschen geteilt und in seiner ▸ Auferstehung überwunden hat, erinnern sich Christinnen und Christen an seine Passion. Ihre Erinnerung verdichtet sich in der Karwoche, in der die Passionserzählung vorgetragen wird und die Stationen des Leidensweges Jesu vergegenwärtigt werden. Jesu Passion reicht vom Einzug in Jerusalem (Palmsonntag) über sein Abschiedsmahl mit der Fußwaschung (Gründonnerstag) zu seiner Verurteilung, Kreuzigung und Todesstunde (Karfreitag), bevor dann nach der Totenruhe (Karsamstag) seine Auferweckung gefeiert wird (Ostern). Alle vier Evangelien erzählen eindrücklich von Jesu Leiden und Sterben. Schon im Neuen Testament wird Jesu Kreuzestod als Befreiung von Sünde und Schuld gedeutet (vgl. Mt 26,28, Joh 1,29 oder 1 Kor 15,3).Vielfach wurde die Passionserzählung vertont und verfilmt. Unzählige Kunstwerke auf der ganzen Welt bebildern einzelne Szenen daraus.

Paulus

Nach seiner Hinwendung zu ▸ Christus (um 31/32 n. Chr.) hat der ▸ Apostel Paulus eine rastlose Missionstätigkeit aufgenommen. Dabei hat er viele Gemeinden gegründet, z. B. in Thessalonich, in Korinth und in Philippi. Bereits bestehende christliche Gemeinden hat er im Wachsen begleitet – so etwa in Ephesus, wo Paulus sich fast zwei Jahre aufhielt. Zudem stand er im brieflichen Austausch mit verschiedenen Gemeinden und einzelnen Christen. Auch mit der Gemeinde in Rom versuchte Paulus mittels eines Briefes Kontakt aufzunehmen. Aber nicht alle Briefe, die im ▸ Neuen Testament zu finden sind und Paulus zugeschrieben werden, sind wirklich von ihm verfasst. Von Paulus selbst stammen aller Wahrscheinlichkeit nach Briefe an die Gemeinden in Thessalonich (1 Thess), Korinth (1 Kor und 2 Kor), Galatien (Gal), Philippi (Phil) und Rom (Röm) – sowie an den Christen Philemon (Phlm). Von Schülern oder Mitarbeitern des Paulus stammen vermutlich sechs weitere Briefe (Eph, Kol, 2 Thess, 1 Tim und 2 Tim, Tit), die seinen Namen verwenden. Die echten Paulusbriefe sind die ältesten Dokumente des Neuen Testaments.

Petrus

Simon, den Jesus „Petrus" (der Fels) nannte (vgl. Mk 3,16 und Mt 16,18), besaß im Apostel- und Jüngerkreis eine bedeutsame Stellung. Wiederholt erzählen die Evangelien von Gesprächen zwischen ihm und Jesus. Dennoch ließ er Jesus in der ▸ Passion im Stich (vgl. Joh 18,15-18.25–27). Nach ▸ Ostern nahm Petrus sofort eine wichtige Rolle in der Jerusalemer Gemeinde ein und warb vielerorts für den neuen Glauben. Dass sich das Christentum für ▸ Heiden öffnete, befürwortete er (vgl. Apg 15,7–11). In Rom soll Petrus den Kreuzestod erlitten haben. Als später aus der römischen Ortskirche heraus das Papsttum entstand, berief man sich auf Petrus und stellte das Papstamt bewusst in seine Nachfolge. So sagt man bis heute, dass der Papst das Petrusamt ausübt.

Pfingsten

Am Pfingstfest feiern Christinnen und Christen, dass sie auch nach Jesu irdischem Wirken vom ▸ Heiligen Geist gestärkt und begleitet werden. Wie die ersten Jüngerinnen und Jünger den Geist Gottes erlebt haben, erzählt der Evangelist Lukas in Apg 2. Dem Wort „Pfingsten" liegt die griechische Zahl 50 zugrunde; das Pfingstfest wird nämlich am 50. und letzten Tag der ▸ Osterzeit gefeiert.

Philosophie

Das Wort „Philosophie" setzt sich aus zwei griechischen Wörtern zusammen (phílos: Freund / sophía: Weisheit) und bedeutet „Liebe zur Weisheit". Ein Philosoph oder eine Philosophin ist jemand, der über die großen Fragen nachdenkt und auf der Suche nach Erkenntnis ist, sich aber nicht mit einer Antwort zufriedengibt, sondern ständig weiterfragt. Als Auslöser des Philosophierens gilt das Staunen (z. B. über den Sternenhimmel). Dabei wird dem Menschen bewusst, dass er viele Dinge nicht weiß. Immanuel Kant (1724–1804), einer der berühmtesten deutschen Philosophen, hat vier große Fragen formuliert, welche den Menschen umtreiben: „Was kann ich wissen? Was soll ich tun? Was darf ich hoffen? Was ist der Mensch?" Sucht man nach einem Anfang der Philosophie, so findet man ihn im antiken Griechenland. Thales von Milet (um 624–546 v. Chr.) gilt als der früheste Philosoph der Griechen, Platon (um 427–348 v. Chr.) und sein Schüler Aristoteles (um 384–322 v. Chr.) sind zweifelsohne bis heute die berühmtesten. Aber nicht nur im Abendland wurde vor zweieinhalbtausend Jahren philosophiert, sondern ebenso in Indien und China. Jeder Mensch (also auch du und ich) kann staunen und über die großen Fragen des Lebens nachdenken. Manche Menschen sind darin ausgebildet. Das heißt, sie haben Philosophie studiert und sind von Beruf Philosoph.

Propheten

Propheten sind Rufer, die Wichtiges kundtun, wozu sie sich von Gott berufen sehen. Vielfach begegnen Propheten in der Bibel. Oftmals werden ihre Worte und Taten als anstößig und ärgerlich empfunden. Mit Macht kritisieren sie, wenn Arme, Fremde, Witwen und Waisen unterdrückt werden. Als Künder des Unbequemen erfahren Propheten Gegenwind und Widerstand; als Sprachrohr Gottes stecken sie für Gott selbst Hiebe ein. Eine entscheidende Rolle spielen Propheten im ▸ Alten Testament, sodass sogar eine der vier alttestamentlichen Schriftengruppen nach ihnen benannt ist. Neben männlichen Gotteskündern (wie Natan, Elija und Elischa, Amos, Hosea, Jesaja, Jeremia und Ezechiel) begegnen da und dort auch Prophetinnen (wie Mirjam, Debora oder Hulda). Mutige Menschen, die für unbequeme Wahrheiten einstehen, werden auch heute Prophetinnen und Propheten genannt.

Schöpfung

Schöpfung bezeichnet die Vorstellung, dass die Welt und der Mensch nicht aus Zufall entstanden, sondern von einem Gott oder von göttlichen Wesen gewollt sind. Schon aus dem Alten Orient sind Geschichten über die Erschaffung der Welt durch Götter und Göttinnen überliefert. Der biblische Schöpfungsglaube findet einen Ausdruck in den Erzählungen über den Anfang (Gen 1 ff.). Deren Grundbotschaft lautet, dass Gott der Welt zugewandt ist und es gut mit ihr und den Menschen meint. Ebenso zeigt sich der biblische Schöpfungsglaube in manchen Psalmen, die Gott als den Herrn des Kosmos loben (z. B. Ps 104 oder Ps 148). Christinnen und Christen bekennen sich zu Gott als dem Schöpfer, der am Anfang der Welt und des Lebens steht. Für viele Gläubige ist der Schöpfungsgedanke eng mit einer hoffnungsvollen Erwartung verknüpft: Wenn Gott die Welt gewollt hat und sie von ihm gehalten ist, dann wird er sie auch zu einem guten Ende bringen.

Tempel

Grundsätzlich bezeichnet „Tempel" einen Bau, in dem eine Gottheit wohnt und in dem ihr gedient wird. Der Jerusalemer Tempel war das zentrale Heiligtum des Judentums. Schon etwa 1000 v. Chr. vorbereitet (König David) und erbaut (König Salomo), wurde er zwischenzeitlich vernichtet (▸ Babylonisches Exil) und wieder aufgebaut. Zur Zeit Jesu erreichte er seine größte Ausdehnung und Pracht, kurz danach (70 n. Chr.) zerstörten ihn die Römer endgültig. Zum Jerusalemer Tempel pilgerten einst unzählige Gläubige, um dort zu beten und Opfergaben zu bringen. Als Überrest des Tempels blieb nur die Klagemauer erhalten. Hier wenden sich Jüdinnen und Juden aller Welt an Gott.

Theologie

Das Wort „Theologie" kommt aus dem Griechischen (von theós: Gott/lógos: Rede) und bezeichnet das Nachdenken über Gott. Theologie gibt es in unterschiedlichen Religionen, wenn Menschen mit den Mitteln ihrer Vernunft Gottes Spuren in der Welt ergründen. Glaube und Denken sind dabei Geschwister und nicht Feinde. Obwohl sich Gott niemals vollständig begreifen lässt, wird das Nachdenken über Gott gerade im Christentum sehr geschätzt. Christinnen und Christen setzen dabei voraus, dass Gott in Jesus ▸ Christus Mensch geworden ist und im ▸ Heiligen Geist in der Welt wirkt.

Tora (auch: Thora)

Mit dem Wort „Tora" werden die ersten fünf Bücher der Bibel bezeichnet: Genesis, Exodus, Levitikus, Numeri und Deuteronomium. Aufgrund ihrer Anzahl werden die Bücher der Tora auch „Pentateuch" (griech.: „Fünfbuch") genannt. Im Judentum ist die Tora der wichtigste Teil der heiligen Schriften, weil sie die entscheidenden Weisungen Gottes für ein gelingendes Leben enthält.

Personen- und Sachregister

Textquellenverzeichnis

Alle in diesem Buch abgedruckten Bibeltexte sind entnommen aus: Die Bibel. Einheitsübersetzung der Heiligen Schrift. Gesamtausgabe. Herausgegeben im Auftrag der Deutschen Bischofskonferenz, der Österreichischen Bischofskonferenz, der Schweizer Bischofskonferenz, des Erzbischofs von Luxemburg, des Erzbischofs von Vaduz, des Erzbischofs von Straßburg, des Bischofs von Bozen-Brixen, des Bischofs von Lüttich. © Stuttgart (Katholische Bibelanstalt GmbH) 2016. Lizenzausgabe © Stuttgart (Verlag Katholisches Bibelwerk GmbH) 2016, 1. Auflage 2016.

S. 12/13: Warum ich Tatsachen mag. In: Sally Nicholls: Wie man unsterblich wird. Jede Minute zählt. Aus dem Englischen von Birgitt Kollmann. München/Wien (Carl Hanser Verlag), 2008, S. 16 f.
S. 32: Gertrud von le Fort: Nacht. In: dies.: Gedichte und Aphorismen, München (Franz Ehrenwirth Verlag), 1984, S. 88.
S. 44/45: Die Bibel für den Unterricht in der Grundschule und in der Orientierungsstufe. Ausgewählt und erläutert von Josef Quadflieg. Düsseldorf (Patmos Verlag), 1995, S. 34 f.
S. 46/47: Die Bibel für den Unterricht in der Grundschule und in der Orientierungsstufe. Ausgewählt und erläutert von Josef Quadflieg. Düsseldorf (Patmos Verlag), 1995, S. 74 f.
S. 52: Kurzmitteilungen [1] und [2] aus: Und Gott chillte. Die Bibel in Kurznachrichten, Frankfurt am Main (edition chrismon), 2009.
S. 58: Annette Rauert: Der Schritt zurück. In: Geschichten zum Nachdenken. München (Kaiser) 1977.
S. 62/63: Mein Leben in Krankenhäusern. In: Sally Nicholls: Wie man unsterblich wird. Jede Minute zählt. Aus dem Englischen von Birgitt Kollmann. München/Wien (Carl Hanser Verlag), 2008, S. 58 ff.
S. 84: Christof Fasel/Samuel Koch: Zwei Leben. Mit einem Vorwort von Thomas Gottschalk. München (adeo Verlag, Verlagsgruppe Random House), 2012, S. 149.
S. 102/103: Protokoll des Verhörs in veränderter und gekürzter Form zitiert nach: Die Märtyrer von Scili. In: Dietrich Steinwede (Hrsg.): Erzählbuch zur Kirchengeschichte. Band 1. Von den Anfängen des Christentums bis zum Spätmittelalter. Lahr – Zürich/Köln – Göttingen (Verlag Ernst Kaufmann – Benziger Verlag – Verlag Vandenhoeck & Ruprecht), 1982, S. 77–81.
S. 103: Zitat Papst Franziskus: Äußerung bei einer Generalaudienz auf dem Petersplatz in Rom am 28. Juni 2017 (leicht verändert). Vgl. http://w2.vatican.va/content/francesco/de/audiences/2017/documents/papa-francesco_20170628_udienza-generale.html. © Libreria Editrice Vaticana.
S. 105: Helmut Krätzl: Glauben Sie an Gott, Herr Bischof? Was junge Menschen zur Firmung fragen. Innsbruck/Wien (Tyrolia), 2009, S. 14.
S. 110: Auszug aus der Ansprache von Papst Franziskus bei der Gebetswache mit den Jugendlichen des Weltjugendtages, Campus Misericordiae, Krakau, 30. Juli 2016. Zitiert nach: http://de.radiovaticana.va/news/2016/07/30/papst_leben_nicht_nur_auf_dem_bildschirm_betrachten/1247968 [1. 6. 2017]; © Libreria Editrice Vaticana.
S. 123: Sabrina Tophofen in Zusammenarbeit mit Veronika Vattrodt: So lange bin ich vogelfrei. Mein Leben als Straßenkind. Würzburg (Arena Verlag), 2010, S. 41 ff.
S. 124: Kleider machen Leute – Leute machen Kleider. Leicht verändert aus: Katrin Schüppel: Kann ICH die Welt retten? Verantwortungsvoll leben – clever konsumieren. Mülheim an der Ruhr (Verlag an der Ruhr), 2009, S. 61.
S. 136: Markus Ehrhardt: Wir Kinder haben Rechte. In: Markus Ehrhardt/Reinhard Horn/Sr. Jordana Schmidt OP: Echte KinderRechte. Das Lieder- und Projektbuch zu Kinderrechten. Lippstadt (KONTAKTE Musikverlag), 2. Auflage 2009, S. 8 f.

Bildquellenverzeichnis

S. 7: Vladimir Kush: „White Flowers of the Sky 809", © Vladimir Kush. All rights reserved
S. 8: li.: Mauritius images/sciencephotos/Alamy, re.: Imago/blickwinkel
S. 9: li.: action press/SOUTH WEST NEWS SERVICE, re.: Imago/OceanPhoto
S. 19: Scala/Fotografia Foglia – Courtesy of the Ministero Beni e Att. Culturali
S. 20: Embryonentafel aus: Evolution oder Das Rätsel von allem, was lebt. Text: Jan Paul Schutten, Illustration: Floor Rieder, © 2014 Gerstenberg Verlag, Hildesheim, S. 114
S. 24: akg-images/Erich Lessing
S. 25: akg-images/Science Photo Library
S. 33: Katrin Hattenhauer: „König David", © Katrin Hattenhauer
S. 42: Karl Rössing: „Brudermord", © Josef Brunner, Marchtrenk
S. 44: Treppe: Fotolia/© Fotoschlick, Pfeil und Bogen: Fotolia/© amarok17wolf, Zelt: Fotolia/© gradt
S. 45: Kochtopf und Schöpfkelle: Fotolia/© womue, Speckstein: Fotolia/© taddle, Rucksack: Fotolia/© euthymia, Ölflasche: Fotolia/© euthymia
S. 53: Mauritius images/Radius images
S. 54: A: dpa Picture-Alliance/IMAGE BROKER, B: F1online
S. 55: C: F1online, D: dpa Picture-Alliance/Sigrid Gombert
S. 56/57: Alle Bilder von Reinhard Herrmann, © Verlag Ernst Kaufmann, Lahr
S. 59: © epd-Bild/Rainer Oettel
S. 60: A: Mauritius images/pjhpix/Alamy, B: Mauritius images/Rojan Shrestha/Alamy, C: Mauritius images/PjrTravel/Alamy, D: Mauritius images/Jenny Matthews/Alamy
S. 61 Grafik: Marina Goldberg
S. 66: Bridgemanimages
S. 68/69: Alle Bilder aus: Sr. M. Animata Probst OSF (Bilder), Sr. Maria Grosman OSF (Texte), Mein Kreuzweg – Heilsweg, Lebensweg, Hoffnungsweg. Der Kreuzweg in der Schlosskirche Glött, © Kunstverlag Josef Fink, Lindenberg i. Allgäu, 2009
S. 73: Bridgemanimages/Cameraphoto Arte Venezia
S. 75: Thomas Zacharias: „Gang nach Emmaus", Thomas Zacharias/VG Bild-Kunst, Bonn 2016
S. 78: A, B und C.: Stefan Weyergraf gen. Streit: Motive aus den Bildern zum Ökumenischen Kreuzweg der Jugend 2011
S. 79: Gerhard Rießbeck
S. 80/81: Hella De Santarossa/VG Bild-Kunst, Bonn 2016
S. 82: A: Mauritius images/Pixtal, B: Michael Haderer, C: F1online
S. 83: D: Mauritius images/Maria Galan Clik/Alamy, E: F1online, F: F1online
S. 85: Grafik und Montage: Marina Goldberg; Foto: Mauritius images/Tim Gainey/Alamy
S. 86: li.: Bridgemanimages; re.: © Archäologische Staatssammlung München/Foto: M. Eberlein
S. 87: li. o.: akg-images/Erich Lessing, re. o.: BPK/The Trustees of the British Museum, li. u.: Museen der Stadt Regensburg, Inv. Nr. Lap. 24, Michael Preischl; Historisches Museum Regensburg, re. u.: akg-images/Bible Land Pictures
S. 89: Scala/Mauro Ranzani
S. 90: VISUM/Benno Grieshaber
S. 91: ddp (+ AP)/ddp images
S. 94: o.: Bridgemanimages/De Agostini Picture Library, u.: akg-images/André Held
S. 96/97: VISUM/Jörg Axel Fischer
S. 98: akg-images
S. 99: F1online/ImageBROKER RM
S. 104: Artothek/David Hall
S. 108: li. und re.: BPK/Münzkabinett, SMB/Reinhard Saczewski
S. 109: li.: akg-images/Mondadori Portfolio/Arnaldo Vescovo
S. 111: Mauritius images/Westend61/Florian Kopp
S. 114: A: Interfoto/Danita Delimont/Alison Wright, B: Imago/stock&people, C: Chad Ehlers/NordicPhotos/FOTOFINDER.COM, D: GlowImages/PhotoNonStop RM
S. 115: E: akg-images/Universal Images Gr, F: Bridgeman Images/© Chinch Gryniewicz, G: Mauritius images/Steven Allan/Alamy, H: GlowImages/BlendRF
S. 119: A: Mauritius images/Tim Gainey/Alamy, B: dpa picture-alliance/Shen Zhengyi/Imaginechina, C: Mauritius images/Danita Delimont Creative/Alamy, D: Mauritius images/Ellie Reed/Alamy
S. 129: li. und re.: Kindermissionswerk/Abir Abdullah/Shidhulai Swangirvar Sangstha
S. 130: Kindermissionswerk/Bettina Flitner
S. 135: Anne Neyer
S. 137: Mauritius images/Jean Hall/Alamy
S. 138: Mauritius images/Friedrich Stark/Alamy